AF547949

Poetische Vernunft im Zeitalter gusseiserner Begriffe

Fröhliche Wissenschaft 140

Marica Bodrožić

Poetische Vernunft im Zeitalter gusseiserner Begriffe

Essays

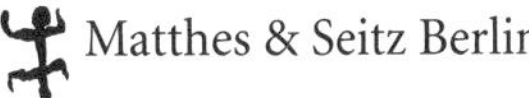
Matthes & Seitz Berlin

Ich gehe an den Menschen vorbei wie an Ackerflächen und schaue nach, wie hoch das Gewächs der Menschlichkeit gewachsen ist. Etty Hillesum

Inhalt

Frieden und Welt

Als ich anfing erwachsen zu werden, fiel ich ständig in Ohnmacht. Damals wusste ich nicht, dass, indem ein Mensch sich ausdrückt, wie es bei Inger Christensen heißt, auch die Welt sich ausdrückt. Das lernte ich erst viel später und zu jenem Zeitpunkt, an dem ich mich auszudrücken begann, ein Sprachwesen wurde, also ein denkender Mensch, der sich nicht in sich selbst versteckt und sich nicht mehr nach einem Verschwinden – dem Bündnis mit dem Unsichtbaren – sehnt. Noch immer staune ich darüber, dass ich als Jugendliche geglaubt hatte, diese Reise durch das eigene Leben gegen meinen Körper vollziehen zu können. Das Übermaß meiner inneren Verflechtungen, Reibungen, Fragen und Nöte wurde mir von meinem Körper mit seiner Verweigerung beantwortet. So zeigte er, dass er zu mir gehörte. Niemand kann aus der Welt ohne meine Erlaubnis heraustreten. Das schien der Körper zu sagen. Wir sind von Beginn an mit unserem Körper in die Welt eingebunden. Der Körper erzählt, auf welche Weise und mit welchen Fragen wir der Welt begegnen, die uns umgibt. Seismografisch genau erfasst er sich und die anderen. Durch das Lesen innerer Landschaften. Durch das Verschieben der Zeit auf innere Uhren. Der Körper führt immerzu ein Gespräch. Er erlaubt keine Fluchten, auch dann nicht, wenn er selbst plötzlich ausbüxt.

Während ich über all das nachdachte, brach im Land meiner Geburt ein Krieg aus. Mein Körper spiegelte mir die Anspannung zwischen der äußeren Welt und meinen inneren Landschaften, in denen auch alte Fragen aus der Kindheit lebten. Es entstand in mir eine geradezu natürliche Empfänglichkeit für Rilkes Forderung, zuerst die eigenen Fragen zu erkennen, und auf diese Weise vielleicht dann, allmählich, ohne es zu merken, eines fernen Tages in die Antworten hineinzuleben. Aber was konnte die Antwort auf meine vielen Ohnmachten sein? Ich stürzte in die Ohnmacht wie in ein Ich-fernes Reich, fast samten fühlte es sich an – ein furchtloses Entrücktsein, das in jenen Momenten, in denen das Nichts mich umschlich, nahezu Trost spendete. Ich hatte gar keine Zeit, Angst zu haben oder daran zu denken, dass ich mir wehtun könnte. Es geschah sehr oft, überall, einmal auch in einem bestimmten Sommer, als ich in den vom Weihrauch durchtränkten dalmatinischen Kirchen der Stimme des Priesters zuhörte und der Name Maria Magdalena die schwerwarme Luft durchtränkte, die ich einatmete. In meinem Kopf blieb bis zum Sturz nur die verlangsamt in mich einschlitternde Musik dieses Namens zurück. Maria Magdalena. Eine schöne musikalische Buchstabennacht war das. Oder im Frankfurter Club Voltaire, wo ich oft als Studentin hinging und heißwangig politischen Diskussionen zuhörte, bis von den Körpern der redefreudigen Weltverändererer ein Flirren und Flimmern ausging, das mich schließlich ihrer Welt entriss und auf eine eigene, hochkonzentrierte Stille zurückwarf, jenen lang gedehnten Augenblick in der Zeit, der die Zeit aufhebt, und mich ganz auf mich selbst zurückwarf. Wieder fiel ich in Ohnmacht. Ist man ein Mann oder eine Frau, wenn man in Ohnmacht fällt? Von heute aus betrachtet kommt es mir vor, als hätte mein Körper versucht, mir mit seiner Verweigerung etwas über mein inneres Selbst zu erzählen, das zu erobern mir noch bevorstand. Im Sturz sind wir ganz, eine verbundene Welt, Mann und Frau in einem. Auch hat mein Körper mich immer dann in seine eigene Integrität zurückgerufen, sobald ich begann, mich im Faszinosum eines fremden Plurals zu bewegen.

Einmal war die Intensität meiner körperlichen Wahrnehmung derart stark, dass ich versuchte, nichts zu denken, sondern nur in mich hineinzusehen. Dieses Sehen war zeitgleich auch ein ganz besonderes Hören. Die komplexen politischen Ereignisse in der Welt verdichteten sich. 1989 war nicht für alle Europäer ein segensreiches Jahr. In meiner Geburtsgegend, im mediterranen Süden Europas, leitete es inmitten von Palmen und Pinien eine schreckverdichtete Zeit ein. Bald schon nach dem Fall der Berliner Mauer wütete ein brutaler Krieg. Meine sozialistische föderative Republik Jugoslawien gab es schon bald nicht mehr. Worauf kam es denn im Leben an, wenn hier Frieden und dort Krieg war? Unter meinen hessischen Schulfreunden war damals nichts so begehrt wie eine Levi's 501. Sie waren bereit, hieß es, alles dafür zu tun, um die Eltern von der enormen Wichtigkeit dieser Jeanshose zu überzeugen. Die einen kauften sich diese Jeans. Die anderen starben in ihnen. Was war zu tun, jetzt, da ich selbst Menschen kannte, die nicht einmal etwas zu essen und nur ihren verletzlichen Körper hatten? Einen Körper, der Schutz in einer Welt suchte, die erbarmungslos war und die selbst einer im Krieg vergewaltigen Frau abverlangte, ihre Bedürftigkeit, trotz aller Not und Scham, erst einmal glaubhaft zu begründen. Damals begriff ich sehr konkret, dass auch ich eine Frau war, eine, die das Glück hatte, im Frieden zu leben.

Anders als mein Körper, der mitten im Frieden sich selbst zum Erzähler machte, war der Körper vieler Frauen den barbarischen Mechanismen einer im Krieg agierenden Männerwelt ausgesetzt und auf das mitfühlende Verstehen der freien, westlichen Welt angewiesen. Während im Frankfurter Club Voltaire über den deutschen Alltag diskutiert wurde, der nun auch zu meinem Leben gehörte, erfuhr ich von Frauen in Bosnien, die vergewaltigt worden waren und deren Körper von einem auf den anderen Tag als Kriegsmasse verrechnet wurden. Mein eigener Alltag war auch noch da, und zu dem gehörte, dass ich die beharrlichen Wünsche meiner Mutter abwehren musste, die davon überzeugt war, eine Ausbildung zur Bankkauffrau oder Arzthelferin seien genau das Richtige für mich. Schon damals hatte ich nur einen Sinn für die mystische Dimension der Zahlen und legte als Jugendliche beharrlich hypochondrische Tendenzen an den Tag, zu denen unter anderem gehörte, dass der Beipackzettel eines einfachen Grippemedikaments mich glauben ließ, nicht nur schon sehr schlimm krank zu sein, sondern bereits vom bloßen Lesen an allen aufgeführten Nebenwirkungen zu leiden. Mit meiner Mutter konnte ich darüber nicht reden. Sie liebte Sicherheit und sie war immer krank. Der Krieg war wie ein lautes existenzielles Hintergrundgeräusch, das alle anderen Dinge und inneren Bewegungen in die Kategorien »wichtig« und »unwichtig« unterteilte. Auf den ersten Blick und in Anbetracht des vom Krieg verursachten Leidens wirkte mein Wunsch nach Selbstbestimmung unwichtig. Schließlich starben dort die einen, während hier die anderen über Berufe, Jeanshosen, Gesundheit und Krankheit nachdachten. Den Frieden im eigenen Dasein zu gestalten erschien mir aber damals umso wichtiger, weil ich verstand, dass der Krieg selbst auf diese Entfernung hin mein eigenes Leben betraf und es auf seine Weise, in seiner Schwarz-Weiß-Rechnung, still und leise auslöschen würde, wenn es mir nicht gelänge, für mich einzustehen. Ich wollte mich nicht opfern und spürte, dass es falsch war, mich innerlich jenen Stimmen zu beugen, die sagten, das Nachdenken über die eigene Freiheit sei doch nun Luxus. Aber leicht war es nicht, diesen Gedanken in mir aufrechtzuerhalten, denn immerhin fehlte mir nichts, während andere Menschen alles verloren hatten, was sie besaßen. Da ich immer mehr an die Zärtlichkeit als an politische Parolen geglaubt habe, litt ich still an der Welt, die mich umgab, und ich hoffte, eines Tages an einem anderen Leben teilhaben zu können, ohne mich je den Lautstarken anschließen zu müssen. Mein Körper erzählte mir von einer anderen Teilhabe, von seiner sehr genauen Integrität, die sich einem falschen Plural widersetzt. In einer langsam aufkeimenden Autonomie begann ich damals zu ahnen, dass das Wegschauen vor allem und zuallererst in sich selbst eine schlimme Form von Lüge ist.

Frauen mussten in lebensbedrohlichen Situationen aber schon immer wegschauen und haben diesen Reflex auch in ihrem Alltag beibehalten. Manchmal habe ich das Gefühl, dass Frauen aller Generationen und Zeiten einander diesen im Schweiß der Angst erworbenen Reflex vererben. Wir haben uns so sehr an ihn gewöhnt, dass wir sogar glauben, es sei gar nicht möglich, anders zu handeln, und sehen in entscheidenden Momenten weg. Die Ohnmacht, nicht zu wissen, was wir tun können, wer wir sind, wenn wir hinsehen, hat bisher allen doktrinären Systemen in die Hände gespielt, aber vor allem, und das ist immer der erste Schritt, das eigene Innere zu einem doktrinären System gemacht – zu einem Ort, an dem der Mensch sich vor sich selbst und vor seiner eigenen Freiheit in Deckung bringt. So wird er sich selbst zum Fremden, der nicht spricht und vor dem er sich fürchtet, wenn er ihn im Außen zu entdecken glaubt, er will ihn dort lassen, dingfest machen, Kontrolle über ihn ausüben, denn das erscheint ihm leichter, als sich dem eigenen inneren Schattenkabinett zu stellen. Derjenige, der in sich selbst wegschaut, überhört und ignoriert seine eigene innere Stimme, die die amerikanische Sängerin, Tänzerin und Choreografin Meredith Monk mit Freundlichkeit und Klarheit in Verbindung bringt und von der sie sagt, sie sei mit »Echtheit« verbunden, die uns radikal ins Innere führt, zu jener Ehrlichkeit also, die das Wegschauen verunmöglicht. Wenn wir aber in uns selbst wegsehen, ermächtigen wir nicht nur einen äußeren Kontrollapparat (wie etwa einen Staat, eine an seiner Stelle agierende, sogenannte »charismatische« Figur – mit einem Charisma, das projiziert ist, da es einem selbst fehlt), sondern wir arbeiten auch einzelnen Tätern zu, die sich die

Angst eines anderen Wesens – ob nun mit psychologischen oder konkreten Waffen – zunutze machen, um ihren einmal begonnenen kriegerisch-barbarischen Akt zu Ende führen zu können. Unser Wegsehen ermöglicht ihnen ihren Krieg.

Manchmal muss aber auf erschütternde Weise um des Überlebens willen weggesehen werden. In Silvia Bovenschens Buch »Sarahs Gesetz« veranschaulicht dies eine Szene, die ein lehrreiches Zeugnis weiblicher Ausgesetztheit und Ohnmacht ist. Bovenschen erzählt die Geschichte ihrer Partnerschaft mit der Malerin Sarah Schumann, die sich an ihre zwei Jahre währende Flucht von 1945 erinnert. Diese führte von Senftenberg in der Lausitz über das zerbombte Dresden nach Hamburg und endete schließlich in einem Dorf. Bovenschen lässt Sarah direkt sprechen: »Ich sitze erhöht auf einem Wagen, gezogen von einem müden alten Gaul. Jemand hat uns, meine Mutter, meine kleine Schwester und mich, aufgeladen und mitgenommen (…) immer mal, immer nur für eine kurze Strecke. Ich sehe aus hoher Position gebannt, wie ein Rotarmist am Straßenrand eine Frau vergewaltigt. Ich habe kein Wort für das, was ich sehe, keine Vorstellung, um was es sich da handelt, ein Schock ist es jedenfalls. Allein wegen der spürbaren Gewaltsamkeit. Allein wegen der spürbaren Angst der Frau. Allein wegen der Pistole. Ich weiß schon, was eine Pistole kann. Ich bin gefesselt von dem, was ich sehe. Der Rotarmist sieht, dass ich es sehe.

Dass ich ihn, die Frau und das, was er tut, anstarre. Er richtet seine Pistole auf mich. Ich tue intuitiv das Richtige: Ich schaue ruckartig weg. Wir fahren vorüber. Ich sehe nicht zurück. Eigentlich haben mir die Rotarmisten gefallen. Wilde Burschen mit gezwirbelten Bärten. Solche Menschen hatte ich zuvor nicht gesehen.«

Eine andere Szene, aus der Perspektive eines vergewaltigenden Mannes, beschreibt Swetlana Alexijewitsch in ihrem Buch »Der Krieg hat kein weibliches Gesicht« – darin lässt sie einen Täter sprechen: »Auf dem Vormarsch … Die ersten deutschen Dörfer … Wir waren jung. Stark. Vier Jahre ohne Frauen. In den Kellern Wein, Essen. Wir fingen deutsche Mädchen ein und … Zehn Mann vergewaltigten eine … Es gab nicht genug Frauen, die Bevölkerung lief vor der Sowjetarmee davon. Wir griffen uns ganz junge, Kinder … Zwölf, dreizehn Jahre alt … wenn eine weinte, dann schlugen wir sie, stopften ihr was in den Mund. Das tat ihr weh, aber wir lachten. Heute kann ich nicht mehr verstehen, wie ich bei so etwas mitmachen konnte … Ein Junge aus einer kultivierten Familie … Aber das war ich … Das Einzige, wovor wir Angst hatten, war, dass unsere Mädchen davon erfahren könnten. Unsere Krankenschwestern. Vor ihnen schämten wir uns.«

Könnte man Wettervorhersagen über das weibliche Unbewusste machen, wäre eine solche Szene gut dafür geeignet, ein automatisiertes Wegducken der Frauen nachvollziehbar zu machen. Aber weder bei Silvia Bovenschen noch bei Sarah Schuhmann ist das der Fall. Die präzise Erinnerung an die aus der Rückschau verfasste Erzählung, die überdeutlich sowohl die Ohnmacht als auch die Gewalt festgehalten hat, formen ein genaues und starkes Bewusstsein. Auch das ist eine Handlung. Indem Sarah Schumann in sich selbst sehend bleibt, löscht sie sich und ihre Wahrnehmung nicht aus, sondern nimmt alles übergenau wahr und gelangt – obwohl sie etwas Vergleichbares nie zuvor gesehen hat – zur intuitiv-luziden Erkenntnis, nur durch äußeres Wegschauen das eigene Leben retten und sich treu bleiben zu können. Deshalb sieht sie nicht mehr zurück. Sie kann nichts für die andere Frau ändern, nichts mehr für sie tun. Dieses In-sich-selbst-sehend-Sein rettet zwar die Frau am Straßenrand nicht, aber es lügt sich selbst nicht an, es flüchtet nicht in die Verdrehung der Welt. Es nimmt alles wahr und wird dadurch blickmündig.

Ich frage mich, was aus der Frau am Straßenrand geworden ist, was überhaupt aus all den Frauen an den Straßenrändern dieser Welt während und nach den Kriegen geschieht. Ich denke aber auch an den Rotarmisten, den Sarah Schumann auf ihrer Flucht gesehen hat. Was ist aus ihm geworden? Aus seinem Gewissen? Wohin ist er zurückgekehrt, und hat er sich später wie jener Soldat geschämt, von dem Swetlana Alexijewtisch erzählt? Hat der eine und der andere irgendwann selbst Kinder bekommen? Wenn ja, wie war er als Vater, wie hat er seine Kinder behandelt? Und was ist aus ihnen allen geworden? Die abgründigen Untaten unserer Vorfahren sprechen auch in unserer Erinnerung mit, setzen sich fort, so, wie sich die genaue und ungeschönte Wahrnehmung von Sarah Schuhmann fortsetzt und an die Erinnerungsufer anderer Menschen anklopft, Verbündete findet, mich, Sie, jeden, der davon Kenntnis hat und der in seiner eigenen Familie zuhört und wahrnimmt.

In Wahrigs Deutschem Wörterbuch wird der »Wahrheitssinn« als »Sinn für Wahrheit« beschrieben und als »Fähigkeit, etwas als wahr oder unwahr zu erkennen«. Das Adjektiv »wahrnehmbar« erläutert der Wahrig als »so beschaffen, dass man es wahrnehmen kann«, als »fühlbar, hörbar, sichtbar« und als »merklich«. Wahrnehmung ist also die Fähigkeit, einen Sinneseindruck im eigenen inneren und äußeren Empfindungssystem zu integrieren. Wörtlich könnte die Wahrnehmung auch als eine Gabe beschrieben werden, sich die Wahrheit zu nehmen, die sich uns zeigt und nicht vor ihr zu fliehen. Ich wähle bewusst das Wort Gabe, denn es muss einem auch gegeben sein, etwas wahrnehmen zu können, ohne dabei befürchten zu müssen, vom Wahrgenommenen verschlungen zu werden.

Die gusseisernen Begriffe unserer Zeit, die sich so sehr auf der Seite des Guten wähnen, aber gar nicht mehr empfunden werden, unterwandern das Gleichgewicht der Wahrheit und schicken Frequenzen der Störung aus, die sich immer dann zeigen, wenn beispielweise von Gleichberechtigung oder Solidarität gesprochen wird, ohne dass diese je eingelöst würde. Das entleerte Wort wird mit jeder Wiederholung nur noch leerer ins Gedächtnis eingepflanzt, bis es gänzlich im Einzelnen in die Lüge kippt. Wer sich dieser gusseisernen Gesinnung der Leere hingibt, ohne selbst zu denken, stützt die Sprache Lüge. Er sieht nicht mehr nach echter Sprache suchend in sich selbst hinein, sondern ertaubt mit der Zeit an der entleerten Wiederholung. Die Integrität der eigenen Wahrnehmung kann ihn nicht mehr stützen, sie ist der Leere anheimgefallen. Von einer solchen Verfasstheit regelrecht im Innen eingezäunt, ist keinerlei Aufbegehren mehr möglich – auch in sich selbst nicht. Die poetische Vernunft des Einzelnen hingegen ist fließend, offen und bleibt sich als einer Bewegung der inneren Wahrheit treu. Nur ein Einzelner kann poetisch sein. Nur dem Einzelnen ist diese feurige Vernunft möglich. Sie zeugt von seiner Reife wie von seinem unbändigen Durst nach ureigener Freiheit. Wer so lebt, der weiß, nur diese Freiheit ist wahr. Sie ist wahr, weil sie sich dem Sprung ins Ungewisse mehr als irgendeinem Opferdenken verpflichtet fühlt. Und weil ein freier

Mensch andere freie Menschen genauer sieht und all jene versteht und mit ihnen empfindet, die auf dem Weg in diese Freiheit sind.

Als meine Mutter von mir erwartete, eine Lehre als Bankkauffrau oder als Arzthelferin zu machen, spürte ich sofort, dass sie versuchte, mein Leben so zu planen, als wäre es ihr eigenes. Ihre eigene uneingelöste Freiheit wollte an meinem Erwachen teilhaben. Ich wusste, es würde schwer sein, mich zu befreien, hatte aber fest vor fortzugehen. Dass ich glaubte, in die Freiheit flüchten und nicht einfach nur losgehen zu können, zeigt, in welcher Lage ich mich befand. Zudem hatten dann Vater und Mutter plötzlich beschlossen, dass ich auf keinen Fall das Gymnasium besuchen, kein Abitur machen und schon gar nicht zur Universität gehen sollte. Ich sei ein Mädchen, hieß es, eine Ausbildung müsse für mich reichen. Der Vater einer Freundin versuchte mit meinen Eltern zu sprechen. Es half nichts, ich bekam Ärger, sie wollten nicht überredet werden. Im Alter von sechzehn Jahren bewarb ich mich zum Schein um einen Ausbildungsplatz bei verschiedenen Banken. Die Sache mit der Arzthelferin brachte ich überhaupt nicht zustande. Ich gab mir die größte Mühe, bei allen Aufnahmeprüfungen durchzufallen. Überraschenderweise lud mich dennoch die Commerzbank zu einem Vorstellungsgespräch ein. Als ich den Brief las, stand ich gerade erschüttert in der Küche und schmiss ihn vor Schreck sofort in den Müll. Vor meinem inneren Auge tauchte wie in einer Vision ein Bankschalter auf und ich wusste, dass ich dort vor Langeweile sterben würde. Der Bankschalter sah in diesem inneren Warnbild wie ein Gefängnis aus und strahlte jene intensive Energie aus, die uns allen aus Träumen bekannt ist, von denen hier noch die Rede sein wird. Leider (oder doch – zum Glück, denn irgendetwas zwingt einen immer im Leben, die eigene Wahrheit laut auszusprechen) fand meine Mutter diesen Commerzbank-Brief und holte ihn, schon fettverschmiert, aus dem Müll. Wie eine Herrscherin verlangte sie nach einer Erklärung. Ich glaube, sie ohrfeigte mich damals mehrmals hintereinander. In meinen Ohren surrte es noch lange nach. Dennoch gelang es mir, ihr beizubringen, dass ich doch lieber etwas mit Worten als mit Zahlen machen wollte. Durch eine Fügung hatte ich vom Beruf der Buchhändlerin gehört, der schien zu mir zu passen. Das wollte ich also meiner Mutter zuliebe erst einmal werden und nahm mir vor, an meinem achtzehnten Geburtstag sofort auszuziehen und, wenn es sein musste, fortan nur noch von schwarzem Kaffee und Zigaretten zu leben. Ich zog etwas später aus, aber das existenzialistische Ideal von Denken, Rauchen und Kaffeetrinken kostete ich in vollen Zügen aus, bis die Phase, in der ich eine Ohnmacht nach der anderen erlebte, mich auch in dieser Hinsicht zu erziehen begann. Ich fing an, mich für Äpfel und alles, was annährend grün ist, zu interessieren. Es war eine großartige Zeit in meinem Leben. Ich tat alles, wovon Eltern ihren Kindern abraten, unter anderem redete ich einfach mit jedem, der mich in der Stadt ansprach, und machte so die Bekanntschaft eines aus Spanien stammenden Juden namens Jorge, der wie Serge Gainsbourg aussah. Er zeigte mir die aus kleinen silbernen Vögeln bestehende Halskette seiner Großmutter, die Auschwitz überlebt hatte. Er trug diese Kette immer mit sich. Ich liebte ihn dafür. Jorge, das stellte sich erst nach ein paar Gesprächen mit ihm heraus, brach nachts in Frankfurter Krankenhäuser ein, um Morphium zu stehlen. Tagsüber las er alles von Carl von Ossietzky, dessen Namen ich bei dieser Gelegenheit zum ersten Mal hörte. Die Sache mit dem Morphium machte mich nachdenklich. Ich nahm diese innere Maßregelung ernst und traf mich nicht mehr mit Jorge, vermisste aber den Austausch mit ihm. Wenn ich heute das Wort Auschwitz höre, sehe ich oft die Halskette seiner Großmutter vor mir. Einmal habe ich Jorge noch in der Nähe eines Krankenhauses aus der Straßenbahn gesichtet. Das Schicksal schien mir damals meinen kühlen Schritt, mich nicht mehr mit ihm zu treffen, zu bestätigen. Erste Verluste gingen einher mit einem neuen Erwachen. Meine Existenz als Frau wurde mir selbst überhaupt erst dadurch fühlbar, weil ich die Gefahren nicht mied, sondern meiner Wahrnehmung traute. Das gelang mir bei Weitem nicht immer, aber wenn es sich fügte, hatte es große Strahlkraft und ermutigte mich zu weiterem Eigensinn. Damals begann ich zu ahnen, dass nicht nur die Eltern allein ihre Kinder erziehen, sondern das Leben selbst, zu dem all die anderen Menschen gehören, die ihnen begegnen. Wir werden nur allzu oft daran gehindert, die Erfahrung der Gefahr und dann des noch viel wichtigeren und daraus entstehenden Getragenwerdens zu machen. Weil ich eine Frau bin, waren meine Eltern nicht bereit, mich zu unterstützen. Nicht aus zielgerichteter Bösartigkeit, wie ich damals glaubte. Es gab praktische Gründe: es fehlte an jenem Papier, das man Geld nennt. Die Universität war etwas Lebensfernes für sie. Ich sollte mitverdienen und die Familie unterstützen. Die Buchhändlerlehre machte ich tatsächlich, holte mein Abitur auf dem Abendgymnasium nach und fing an zu studieren. Mitten im Studium begann ich mein erstes Buch zu schreiben und brach die Universität nach ein paar Semestern ab, um Ethnologin meiner selbst zu werden. Ich tröstete mich damit, dass einige Schriftsteller, die ich verehrte, auch ihr Studium nicht beendet hatten. Es war schwer, an dieser geistigen Kreuzung meines Lebens eine solche Entscheidung zu treffen, die meine wohlwollenden Professoren verstörte. Wieder aber leitete mich eine starke innere Empfindung. Sie brachte mich auf meinen wahren Lebensweg. Ich fühlte, dass die Entscheidung zu schreiben für mich unumgänglich war. Sie ging einher mit dem Wissen, dass ich zum ersten Mal in meinem Leben etwas zutiefst Aufrichtiges tat, und zwar ohne Angst. Meine Innenwelt und meine geistige Wahrnehmung gingen mit meiner Handlung einher. Ich hatte das Gefühl, endlich an einer Art innerseelischen Mathematik teilzuhaben, von der ich endlich gefunden worden war. Dieser wohltuende Gleichklang, der sich in mir wie eine augustwarme Meereswelle des Erkennens ausbreitete, stützte meinen Entschluss nachhaltig. Mein damaliger Professor tat alles, um mich von diesem, wie er es sagte, »leichtsinnigen Schritt« abzubringen. Später habe ich allen meinen literarischen Figuren, und besonders den Frauenfiguren, sogenannte leichtsinnige Schritte zugemutet, ich glaube, so konnte ich meine Vorstellungskraft am besten in Gang bringen und das in meinen Texten fortschreiben und leben, was auch mich selbst in Bewegung gebracht hatte. Im Gegebenen verstaubt meine Fantasie. Ich liebe Aufbrüche. Und Umbrüche. Die »Fröste der Freiheit«, so eine Formulierung von Marieluise Fleißer (der die Berliner Schriftstellerin Gisela von Wysocki ein bemerkenswertes Buch über weibliche Aufbruchsfantasien gewidmet hat), sind nicht dafür gemacht, unser Leben zu bestimmen, im Gegenteil, nur wenn wir uns nicht bewegen, erfrieren wir mitten in ihm. Die Freiheit aber, die ich meine, ist nicht für immer frostig, sie geht nur ohne Sicherheiten einher. Wer sich bewegt, friert nicht. Nur der Stillstand ist kalt. Der Weg zum sprungbereiten Selbst ist oftmals verschüttet. In Ohnmacht falle ich heute nicht mehr, aber mein Körper wird mit den Jahren ein immer genauerer Seismograf. Sobald ich merke, dass ihm die Forderungen und Wünsche anderer unangenehm werden, würdige ich seine Weisheit und glaube seinen vielschichtigen Mitteilungen. Das ist beim Schreiben sehr ähnlich – geht der Körper im Denken und in den Wörtern nicht mit und spannt sich an, kommt auch der Atem nicht nach. Das ist ein sicheres Zeichen dafür, dass mir auch der Sprachkörper nichts schenken wird. Die Verletzlichkeit des Körpers und des Menschen ist ein hohes Gut. Die gusseisernen, entleerten Worte dürfen diese Fragilität nicht brechen. Die Zerbrechlichen unter uns haben noch einen heiligen Sinn für Vollständigkeit. Nur die Zerbrechlichen sind dem Hohelied der Liebe verpflichtet. Der uralte Gesang ruft in ihnen die Poesie der Träume hervor, denen die Zynischen mit Argwohn begegnen – weil sie selbst nicht mehr träumen können und nur in abgesteckten Sicherheitszonen ihrer horizontalen Zeit leben. Der Träumende, der sich aussetzt, schwingt in der vertikalen Freiheit, er sieht nach oben, hat aber die Welt zu seiner Horizontalen gemacht. Er ist kein Narr, sondern, wie ihn der russische Dichter Velimir Chlebnikov gesehen hat, ein offener »Träumling«, der dem Lied entstammt – und der »erdens, ein Himmling« ist.

Wer sich in sich selbst, aus welchen Gründen auch immer, verbarrikadiert und den »Himmling« absterben lässt, zu dem kann sein eigener realer Körper nicht mehr sprechen. Aber die innere und die äußere Welt des Menschen spricht immerfort. Der Austragungsort dieser Botschaften ist der Traum. Dort kann sich der Mensch nicht mehr vor sich selbst verstecken. Von diesen sprechenden Traumlandschaften fühle ich mich im Leben und im Schreiben getragen. Faszinierenderweise bildet gerade der Traum das Abrücken von der eigenen Integrität oft spielerisch ab und beharrt so auf seine Erzählung, die er im Wachzustand nicht übermitteln konnte oder die nicht gesehen wurde. In anderen Fällen, die keine Bewusstseinsträume sind, sondern nahezu biblisch anmutende Weissagungen, wird dem Träumenden sogar ein Weg gewiesen. Einen solchen Traum hat mir die aus Sarajevo stammende muslimische Schneiderin Ismeta erzählt, der ihr und ihrer ganzen Familie mitten in der Belagerung ihrer Stadt das Leben rettete. Sie hatte den Mut, dem Traum zu glauben, in dem ihr gezeigt wurde, dass alle sterben würden, begäben sie sich auf die Reise. Ismeta musste sich gegen ihren Mann durchsetzen, der lieber auf der Stelle die Flucht ergriffen hätte. Später stellte sich heraus, dass alle ihre Bekannten, die an diesem Tag die Flucht auf sich nehmen wollten, umgebracht wurden. Von Ismetas Familie ist niemand zu Schaden gekommen, alle Verwandten haben den Krieg überlebt. Dieser Traum, den Ismeta mir unter Tränen erzählte, hat mich dazu gebracht, neu über die Kraft und die Wirkung der Träume nachzudenken.

Träume sind unsere seelische weiße Leinwand, auf der sich unsere inneren Verfasstheiten projizieren, ohne dass wir irgendeine Art von Kontrolle ausüben könnten. Auch sind wir im Traum nicht überrascht, wenn wir Mann und Frau in einem sind oder aus einem anderen wilden Plural bestehen, der sich aus mehreren Personen, Pflanzen, Tieren oder Lichtverhältnissen zusammensetzt. In ihren Betrachtungen über »Urphänomene« fragt Ricarda Huch an einer Stelle: »... wenn jeder seine eigene Welt hat, wie kommt es überhaupt zu einer gemeinsamen Welt? Und besteht sie, wie kommt es, dass die gemeinsame Welt nicht dauernd durch die Träumer und ihre Sonderwelten zerstört wird?« In Ismetas Fall sehe ich, dass die Sonderwelten sogar zusammengeführt werden können und dem Wohl aller dienen, die der Träumenden Glauben schenken. Ricarda Huch hat während des Zweiten Weltkrieges ein Tagebuch geführt. Leider befindet es sich im Privatbesitz und ist der Öffentlichkeit nicht zugänglich.

Der Traum ist nicht nur das Ursprungsland für Visionen, er ist auch Austragungsort kollektiver Turbulenzen, der einzige vielleicht, an dem die Geschlechter sich jenseits des Körpers als stellvertretende Teile einer Gesamtheit der Sprache und Welt begegnen, die sie in Einheit mitgestalten und von der sie immerfort umgeben sind. Das ist erhellend und hat Erlösungscharakter, aber auch die Verstörung spricht immer mit. Die Journalistin Charlotte Beradt, die zwischen 1933 und 1939 bis zu ihrer eigenen Flucht in Berlin Traumerzählungen gesammelt hat, war sich dieser exemplarischen Funktion der Träume bewusst. Sie könnten, so ahnte Beradt schon damals, als Beweismaterial dienen, wenn dem Regime einmal der Prozess gemacht würde. Die ihr erzählten Träume – unter ihnen ist beispielsweise der Traum eines Fabrikbesitzers –, erscheinen ihr »voller Aufschlüsse über die Affekte und Motive von Menschen während ihrer Einschaltung als Rädchen in den totalen Mechanismus.« Wer sich hinsetze und Tagebuch schreibe, so Beradt, tue das willentlich, er forme, kläre und trübe beim Schreiben. »Aber Träume dieser Art«, hält sie fest, »Nachtbücher gleichsam, schienen zwar die Wirkung äußeren politischen Geschehens im menschlichen Inneren minuziös aufzuzeichnen (…), doch sie stammten aus einer unwillentlichen psychischen Tätigkeit. So könnten Traumbilder die Struktur einer Wirklichkeit deuten helfen, die sich gerade anschickte, zum Alptraum zu werden. Ich fing also an, von der Diktatur diktierte Träume zu sammeln.« In einer »Atmosphäre der totalen Gleichgültigkeit« wurden die Träumenden auf ihre Innenwelt zurückgeworfen. Eine Frau berichtet Beradt von einem Traum, in dem eine »Gedankenkontrollmaschine« vorkommt, die ihr, so heißt es im Text, »als Symbol der körperlichen und geistigen Beherrschung, der überall lauernden Möglichkeiten, des Automatismus der Vorgänge (erscheint), erfunden zu einer Zeit, wo sie weder Kenntnis von fernwirkenden elektronischen Geräten, von Folterungen durch Elektrizität haben konnte, noch von der Orwell'schen Überwachungsapparatur, denn es war ja noch fünfzehn Jahre vor Erscheinen von ›1984‹«. In diesem Traum beschreibt die Frau diese »Gedankenkontrollmaschine« als »elektrisch« und als »ein Gewirr von Drähten.« Es ist beeindruckend, wie genau diese Formulierung mit der 1933 noch weitgehend der Öffentlichkeit nicht bewussten Überwachung durch die Nationalsozialisten korrespondiert und das spiegelt, was Hannah Arendt in »Ursprünge und Elemente totaler Herrschaft« als »Zerstörung der Pluralität« beschrieben hat, die der Terror bewirke und in jedem Einzelnen das Gefühl hinterlasse, »von allen ganz und gar verlassen zu sein.« Es scheint, dass der Mensch in dieser Atmosphäre totaler Verlassenheit in seinen Träumen wieder zur Verbindung zurückzufinden versucht. Den Traum einer Putzfrau von 1933 gibt Charlotte Beradt so wieder: »Ich träume, dass ich im Traum vorsichtshalber Russisch spreche (das ich gar nicht kann, außerdem spreche ich nicht im Schlaf), damit ich mich selbst nicht verstehe und damit mich niemand versteht, falls ich etwas vom

Staat sage, denn das ist doch verboten und muss gemeldet werden.«

Auch dieser Traum zeigt, dass der Mensch nicht anders kann, als sich die Wahrheit selbst zu erzählen, auch jene, die er bei Tag vorenthält. Die nächtlichen Bilder sind Bilder der androgynen, noch ungeteilten Seele, die konkret von den Konflikten erzählen und regelrecht darauf bestehen, sie zu zeigen. Auch die Putzfrau ist im Traum nicht die Vertreterin einer bestimmten sozialen Schicht, sondern wird vollständig auf ihr eigentliches Menschsein zurückgeworfen. Träume sind Grundpfeiler eines inneren Korrektivs und nicht bereit, sich unserem Bedürfnis nach Kontrolle zu beugen. Sie sind nicht zu bändigen, sie widersetzen sich jedem System, auch dem einer ideologischen Deutung und berichten radikal ehrlich von der Art unserer Teilhabe an der Welt, in der wir leben. Charlotte Beradt hat ihr Buch »Das Dritte Reich des Traums« genannt und dem ersten Kapitel ein Motto von Robert Ley, dem NS-Reichsorganisationsleiter, vorangestellt, in dem es heißt: »Der einzige Mensch, der in Deutschland noch ein Privatleben führt, ist jemand, der schläft.« Der Traum wurde vor dem unmenschlichen Hintergrund der genauestens durchgeplanten Nazi-Barbarei zum einzig menschlich fassbaren Ort zum Beispiel für einen Arzt, dem in seinen Träumen ein »wandloses Leben« begegnet, das ihn schon die ganze Zeit umgibt. So träumt er, dass er auf dem Meeresgrund lebt, »um unsichtbar zu bleiben, nachdem die Wohnungen öffentlich geworden sind«.

In der unter Kontrolle gebrachten Öffentlichkeit sind die Köpfe und Körper der Menschen gehorsam, aber im Traum werden ihre Hörigkeitsgefühle bearbeitet und gespiegelt. Eine moderne dreißigjährige Frau träumt zum Beispiel von einer Tafel, die als Ersatz für verbotene Straßenschilder an jeder Ecke aufgestellt ist und die in weißen Buchstaben auf schwarzem Grund zwanzig Worte verkündet, die auszusprechen dem Volk verboten ist: »Als erstes das Wort ›Lord‹ – das habe ich wohl aus Vorsicht auf Englisch, nicht auf Deutsch geträumt. Die nachfolgenden habe ich vergessen oder wahrscheinlich überhaupt nicht geträumt, außer dem letzten: das war ›Ich‹. Das hätte man …«, berichtet sie weiter, »in alter Zeit wohl eine Vision genannt.«

Die Vision vom eigenen Selbst ist dieser Frau im Wachen als Handlung nicht zugänglich. Vision, so Beradt, bedeute Sehen, und der leere Raum zwischen Gottlosigkeit und Ichlosigkeit, den die totalitären Regierungen des zwanzigsten Jahrhunderts als ihr Kraftfeld benutzten, sei unheimlich scharf gesehen in dieser radikalen Sprachregelung, deren erstes Gebot laute: »Du sollst den Namen des Herrn nicht aussprechen, und deren letztes ›Ich‹ zu sagen verbietet. (…) durch die einfache Methode, statt ›Gott‹ das ihr ganz ungeläufige Wort ›Lord‹ auf ihre Verbotstafel hinzuträumen, erreicht sie, dass gleichzeitig alles Ausgezeichnete, Hochstehende,

Edle mitverboten ist.« Charlotte Beradt hat in Amerika gleich 1943 nach ihrer Flucht einen Text über ihre Motivation geschrieben, Träume ihrer Zeitgenossen in Berlin zu sammeln, in dem sie darüber berichtet, dass sie selbst in zahllosen Nächten nach 1933 zitternd und schweißgebadet mit zusammengebissenen Zähnen aufgewacht sei. Sie wurde in ihren Träumen beschossen, skalpiert, gemartert und kam so auf den Gedanken, dass sie unter Tausenden und Abertausenden womöglich nicht die Einzige war, die die Diktatur zu solchen Träumen verdammte.

Das Zittern und Leiden des Körpers ist einem Wahrheitsverfahren verpflichtet, dem auch Ricarda Huch im Nazideutschland ausgesetzt war, als sie etwa 1937 ihre Überzeugung bei einem Abendessen aussprach, zu dem sie anfangs widerwillig hingegangen war. In einem Brief an ihre engste Freundin Marie Baum, die später ihre Biografin werden sollte, schreibt Huch am 30. Mai 1937 in Jena folgende Zeilen: »Neulich waren wir zu einem netten Ehepaar aus der Fakultät eingeladen, die eigens baten, ich möchte doch mitkommen, es wäre noch ein Ehepaar – sagen wir X – da, die sich freuen würden, meine Bekanntschaft zu machen. Ich ging also mit. Im Laufe unseres Gesprächs sagte unser Gastgeber, die Juden könnten nicht organisch denken und wären nicht produktiv. Ich sagte, ich zweifelte, ob man das sagen könnte, es hätten in den letzten Jahren Juden verschiedentlich den Nobelpreis bekommen, Physiker, Chemiker; auf diesem Gebiet waren sie doch produktiv gewesen. Ein Wort gab das andere, Franz stimmte mir zu (…). Herr X wurde schärfer und schärfer und sagte zum Schluss zu mir: ›Ich sehe, Sie sähen lieber das deutsche Volk vernichtet und die Juden herrschen‹ (oder so ähnlich). Ich sagte kalt: ›Ich habe die Deutschen sehr geliebt, bin allerdings sehr davon zurückgekommen, seit ich so viel Gemeinheit mit anzusehen habe.‹ Natürlich hatten Franz und ich uns sehr aufgeregt, ich zitterte noch, als wir zuhause ankamen.«

Der geistige Widerstand, der bei Ricarda Huch ein Zittern nach sich zieht, zeigt, dass der Körper die Aufregung austrägt, die aus dem Bedürfnis heraus entsteht, die eigene Wahrheit zu sagen und zu vertreten. Wer nicht die Arbeit der Wahrheit ignoriert, erlangt gleichsam automatisch in sich selbst die Fähigkeit, sich geistig aufzubäumen. Je größer die moralische und politische Widerstandskraft des Einzelnen im Nationalsozialismus war, so die Beobachtung von Charlotte Beradt, desto weniger absurd, desto positiver fielen seine Träume aus. Die anderen verloren selbst im Traum die Fähigkeit zu handeln. Die Bedingungen, die dazu führen, dass ein Mensch seine Widerstandskraft aufgibt, sind vielfältig. Weder im Frieden noch in doktrinären Systemen oder gar in Zeiten des Krieges kann jemand, der sich zur Wehr setzt, mit der unmittelbaren Freundlichkeit der anderen rechnen. Der sprechende Mensch ist von Natur aus jemand, der sich zumindest schrittweise in seiner eigenen Freiheit zurechtfinden muss, indem er allein und der mangelnden Freundlichkeit zum Trotz Grenzen überwindet.

Mir selbst wurde zwischen meinem zehnten und meinem achtzehnten Lebensjahr das Widersprechen von meiner Mutter grundsätzlich verboten, vor allem, wenn es darum ging, dem Vater zu widersprechen – und das fühlte sich an, als dürfte ich gar nicht Anteil haben an der Sprache der Menschen. Jedes Wort konnte mir als Widerwort ausgelegt werden. Das Sprechen war für mich viele Jahre ein Synonym für das Aufbegehren. So blieb mir dann auch in dieser Konsequenz jedes gesprochene Wort wie eine Fischgräte im Hals stecken. In dieser Zeit lebte ich nach einer Odyssee der Wohnortwechsel in der frühen Kindheit zum ersten Mal mit meinen leiblichen Eltern zusammen. Es hieß, nun müsse ich gehorchen lernen. Ich denke, dafür war es damals bei mir schon zu spät. Und das Glück meines Lebens wollte es, dass es mir nie gelungen ist, ich habe mich ihr innerlich niemals gefügt und konnte nie die angesammelten Fischgräten herunterschlucken. Aber ich kenne das Zittern, das vom Gehorsam rührt und das so viele Eltern ihren Kindern und vor allem die Mütter ihren Töchtern abverlangen. Dem Vater widerspricht man nicht. Diesen Satz sagte mein Vater aber nie selbst. Ich erinnere mich, oft als Jugendliche gedacht zu haben: Ist eine Frage schon ein Widerwort? Und ist meine innere Empfindung schon eine andere Meinung? Ist mein klopfendes Herz ein auf Widerspruch ausgerichtetes Organ? Das Herz, dieses große Enigma beschäftigte mich. Ist es nur ein Organ oder wohnt ein Gott in ihm und hilft mir, nicht durch das Verbot der Mutter getötet zu werden? Warum ist denn mein Herz überhaupt da, wenn es nicht reden darf? Ist sein Klopfen schon eine Sprache, redet es also schon die ganze Zeit mit mir? Und ich erinnere mich auch daran, dass mir eines meiner Geschwister einmal sagte, es habe damals in der Kindheit alles versucht, die Fragen, das klopfende Herz, das lästige Zittern in sich selbst soweit zu unterdrücken, damit nur ein regloses, unbeteiligt wirkendes Gesicht übrig bleibt, das niemanden stört. Diese Selbst-Auslöschung ist eine grausame Form von Uniformiertheit. Und die Freiheit ist auf dieser uniformierten Lebensseite frostig. Ich kann jedenfalls seitdem keinerlei Uniformiertheit gutheißen, weder im Namen einer Idee, einer Nation, einer Religion und selbstverständlich auch nicht im Namen irgendeiner Ästhetik. Die Uniform ist ein Instrument der Vereinheitlichung, sie verschafft dem Menschen ein äußeres Selbst und ist das Gegenteil von wahrhaftiger Sichtbarkeit des Einzelnen. Ich denke, dieses Erleben der Uniform hat bei mir auch mit der Trauer zu tun, die ich empfunden habe, als mir eines meiner Geschwister erzählte, dass es niemals träumt.

Als ich fünf Jahre alt war, hatte ich schon einige Umzüge hinter mich gebracht und bei verschiedenen Großmüttern, Tanten und schließlich bei meinem Großvater gelebt. Die Frauen erzählten in den jeweiligen Dörfern von ihren prophetischen Träumen. Während in der Heiligen Schrift durch die Träume große kollektive Veränderungen einhergehen, wurden die Frauen meiner Kindheit auf den Tod des Esels, auf Unwetter und Kälteeinbrüche, auf die Geburt eines Kindes, auf eine Krankheit oder irgendeine andere Veränderung in ihren nächtlichen Bilderreisen vorbereitet. Ich hörte ihnen zu wie man in der Kindheit Bonbons lutscht, immer unersättlich, immer voller Staunen. Ich kann mich an kein einziges Verbot, an keinen einzigen Übergriff durch diese Frauen erinnern. Genaugenommen waren sie es, die mich für den Gehorsam untauglich gemacht haben. Obwohl es natürlich auch das Wegducken gab. Die Angst, diesen Handlanger der Dunkelheit, der keine Lücke für einen anderen Blick lässt. Was fürchten wir noch, wenn wir uns selbst und den anderen die Wahrheit zumuten? Die Wahrheit eines winzigen Augenblicks in der Zeit – kann sie uns jemals töten? Jeder, der lebt, beweist, dass er immerfort über die Angst hinauslebt. Dennoch ist jeder für sich allein und nur in der Freiheit auf diese Einzahl zurückgeworfen. Der falsche Plural entsteht, wenn wir uns der Angst ergeben, in ihr Schutz suchen und anderen gegenüber gehorsam sind. Wer sich nicht der Angst ergibt, sondern dem Zittern vertraut, dem Zittern und der damit einhergehenden eigenen Verletzlichkeit treu bleibt, findet ein Zimmer in seinem Geist, das er bisher gar nicht kannte und in dem er nun, immer gefestigter, den eigenen Atem erlebt. In diesem Zimmer sind wir auf uns selbst gestellt. Dort ist kein stützender Arm. Wir gehen dort allein hinein und können es auch nur so kennenlernen, andernfalls wird dieses Zimmer uns nicht geöffnet. Virginia Woolf hat es für ihre eigene Zeit beschrieben. Wir knüpfen von diesem Ort unsere Beziehung zur Welt, zur äußeren Wirklichkeit. Einmal in diesem Hafen vor Anker gegangen, erlangen wir dort die Fähigkeit, die vielen »Abspaltungen« im eigenen Geist zu betrachten. Vielleicht hat meine Mutter sich stets als Außenstehende begriffen und konnte nicht anders, als das auch auf die ihr gemäße Weise von mir zu verlangen. Virginia Woolf hat diese Figur der Außenstehenden als für die Frau »fremd und kritisch« beschrieben. Aber sie hat dabei an eine denkende Frau gedacht, an eine, die sich »von einer natürlichen Erbin (der) (…) Kultur ins Gegenteil verwandelt, in eine Außenstehende, fremd und kritisch«.

Wird man sich selbst in dieser Weise nicht fremd und kritisch, gibt es keine Teilhabe an der Kultur. Meine Mutter konnte in diesem Sinne nichts »erben« – sie hatte von frühester Kindheit an immer die Ochsen meines strengen Großvaters über die Felder getrieben und wurde so erzogen, dass ihr die eigene Existenz immer zweitrangig war und ihr überhaupt nicht erst ins Bewusstsein trat. Selbst als erwachsene Frau und Mutter von drei Kindern überschrieb sie ihr eigenes väterliches Erbe ihrem Bruder, dem vor hundert Jahren noch die Pflicht zugekommen wäre, in einer Notsituation für seine Schwestern zu sorgen. Während er sich seiner Pflicht entzog, folgte meine Mutter gehorsam den Auflagen der an ihr vollzogenen Erziehung. Sie konnte nicht anders. Sie war weit von einem eigenen Zimmer in einem Haus und Jahrhunderte von einem freien Raum im eigenen Geist entfernt. Man hatte sie so von sich selbst getrennt, dass sie nicht mehr um die ihr gegebene Freiheit wusste. Wie hätte sie in ihrer so früh geschundenen menschlichen Existenz über den »Plan der Seele« nachdenken können, von dem Virginia Woolf sagt, sie habe einmal den dilettantischen Versuch unternommen, einen solchen Plan zu entwerfen – »wonach«, sagt sie, »in jedem von uns zwei Mächte regieren, die eine männlich, die andere weiblich; und im Gehirn des Mannes herrscht der Mann über die Frau, und im Gehirn der Frau herrscht die Frau über den Mann. Die normale und wohltuende Seinsweise ist diejenige, in der beide harmonisch zusammenleben, geistig zusammenarbeiten. Wenn man ein Mann ist, muss dennoch der Frauenteil des Gehirns eine Wirkung haben, und eine

Frau muss auch Umgang mit dem Mann in sich selbst haben. Vielleicht meinte Coleridge das, als er sagte, ein großer Geist sei androgyn?« Kommt man selbst auch nur in die Nähe eines solchen Geistes, müsste man geduldig und umsichtig genug sein können, um zu wissen, dass in uns die Jahrhunderte parallel nebeneinander verlaufen. Die wenigsten Menschen sind Teilhaber der eigenen Zeit und kommen auch deshalb nicht über sie hinaus und in das, was unsere innere Zeit ist. Und die Allerwenigsten dringen in die androgyne Einheit des eigenen Geistes vor. Wir haben keine Angst vor der Angst, sondern Angst vor den auf uns wartenden Erzählungen des Lebens. Betrachten ist bereits Denken. Ein Unterwegssein in die innere Zeit. In das innere Zimmer, das uns niemand schenken kann und niemand schenken wird. Dort müssen wir alleine sein, um in der Einheit des in uns sich spiegelnden Alls leben zu können.

Bevor eine äußere Macht oder Autorität diesen inneren Raum besetzen kann, müssen wir zuvor auf irgendeine Weise eingewilligt und uns etwas oder jemandem gebeugt haben. Wir müssen innerlich an irgendeiner Stelle »ja« gesagt haben. Erst nach unserer Einwilligung aber können wir von den anderen manipuliert und von unseren Empfindungen entkoppelt werden. Das heißt nicht, dass wir eine aggressive oder kriegerische oder gegen die Integrität des Einzelnen arbeitende Welt sofort aufs Ganze verändern oder aufhalten können, wenn wir das wissen. Aber in uns selbst können wir ein anderes Gefüge herstellen, eine eigene Landkarte der Integrität zeichnen. Diese Landkarte ist ein würdevoller Beitrag zum Gleichgewicht der Welt. Das Leben eines jeden Menschen ist eine in der Stille wirksame Landkarte, eine Welt für sich, die wir eines Tages sehen können, weil wir ehrlich und uns selbst in der Treue verpflichtet sind. Und es bleiben.

Dann steht unser Leben und nicht nur unser Körper in der Welt und bildet eine neue Kraft, so unterwandert es die Typologien des Anpassens, von denen Charlotte Beradt spricht. Als Gegenbeispiel zu den Mitläufer-Persönlichkeiten nennt sie Sophie Scholl und ihren berühmten Traum von 1943, geträumt in der Nacht vor ihrer Hinrichtung: »Ich trug an einem sonnigen Tage ein Kind im langen weißen Kleid zur Taufe. Der Weg zur Kirche führte auf einen steilen Berg hinauf. Aber fest und sicher trug ich das Kind in meinen Armen. Da plötzlich war vor mir eine Gletscherspalte. Ich hatte gerade noch so viel Zeit, das Kind auf der anderen Seite niederzulegen – dann stürzte ich in die Tiefe.« Im Traum versuchte Sophie Scholl, so Beradt, ihrer Mitgefangenen gleich den Sinn dieses Traumes zu erklären: »Das Kind ist unsere Idee, sie wird sich trotz der Hindernisse durchsetzen. Wir durften Wegbereiter sein, mussten aber zuvor für sie sterben.« Hier drückt sich der geistige Raum eines Menschen aus, der sich nicht duckt, der sich nicht versteckt – und der die Zeit nutzt, die ihm zusteht. Aus der eigenen existenziellen Ausgesetztheit heraus gelangt Sophie Scholl zu einem anderen und größeren Wir, jenem Wir, das noch heute zu uns in unserer Ausgesetztheit spricht, die nichts anderes ist als der Spiegel unseres Gewissens.

Wie viel Freundlichkeit muss einem im Leben begegnet sein, damit man zu einem solchen Wir und in den Schutz des Gewissens gelangen kann? Sophie Scholl hatte Anteil an dem größeren Selbst der Menschen und hat es mit ihrem Leben auch für uns Heutigen gebaut. Diesen gemeinsamen Raum der Freundlichkeit errichten wir mit unserer emotionalen Architektur. Wir sind diese Freundlichkeit. Wir sind der Baumeister und das Muster, die beim Bau des Freundlichkeitsgebäudes sichtbar werden. Es ist wichtig zu wissen, dass jeder, der lebt, dieses Gebäude mitgestaltet. Nur deshalb kann auch ich heute in die innere Welt von Sophie Scholl lesend eintreten und mich mit ihr verbünden, von ihr lernen, ihr angehören. Aber ich kann das auch nur deshalb tun, weil ich der grenzenlosen Freundlichkeit so vieler Menschen in meinem Leben begegnet bin, auch damals, als ich in Ohnmacht fiel und mich in einem Kreis Anteil nehmender Menschen erwachend wiederfand, umringt von Männern und Frauen, die mich besorgt ansahen und so lange bei mir blieben, bis ich wieder allein weitergehen konnte. Charlotte Beradt erzählt in ihrem Buch »Das Dritte Reich des Traums«

von einer Frau, die das Gegenteil erlebt und die immerzu an der Ecke vom Kaufhaus des Westens – »eine der belebtesten Stellen von Berlin« – ohnmächtig hinfällt. »Keiner der Menschen, die vorbeigehen«, heißt es in diesem Traum, »hebt mich auf, keiner sieht sich auch nur nach mir um (…) Woher wissen die Leute, überlege ich krampfhaft in meiner Ohnmacht, dass sie mich liegenlassen müssen, dass sie sich um einen am Boden Liegenden nicht kümmern dürfen, weil ich gläubig bin? Einen Menschen lassen sie liegen; einen Brief, den ich in der Hand trug, haben sie aufgehoben, sehe ich, als ich mal wieder auf die Beine komme, ohne dass sich irgendwer um mein Hin- und Herschwanken kümmert.« Die Träumende bemerkt dann, dass bei ihr nur eine gelähmte Zeitungsfrau sitzt, die weder sich selbst noch ihr helfen konnte. Eindeutiger lässt es sich nicht zeigen, wie sehr wir auf die Integrität der anderen Menschen angewiesen sind. Frieden ist vielleicht der stets fragil flimmernde Zustand, in dem wir das Geschenk der uns umgebenden Freundlichkeit nicht bemerken.

Es gibt noch eine andere Form der Integrität, auf die ich hinweisen möchte, auch sie geht zwar vom Einzelnen aus, bezieht aber den größeren Raum seiner Lebenswelt ein. Ich denke dabei an die »Integrität des Territoriums«, die immer wichtiger für unsere Lebenswelt werden wird. Auf diese Formulierung verweist der Schriftsteller Deniz Utlu in seinem Text über ein Minenunternehmen in Kolumbien, das das Land und die Menschen ausbeutet und das sich dabei weder um die dort lebenden Leute noch um das Territorium kümmert. Zu einem der Krisengespräche zwischen Unternehmern und Bewohnern kommt eines Tages eine alte Wayún-Frau und beharrt darauf, dass man die schwierigen Themen nicht einfach so voneinander trennen kann. »Da spricht sie leise und zurückgenommen«, schreibt Deniz Utlu. »Sie entschuldigt sich zuerst, dass sie zu spät gekommen sei, aber sie sei heute Morgen den ganzen Weg aus der Sierra Nevada angereist, um mit uns zu sprechen – einer Bergkette nördlich der Anden, wo viele Indigenas leben. Die Frau sagt, wir könnten die Themen nicht so trennen: Natur und Menschen bedingten sich gegenseitig. Was einem Baum angetan werde, spüre ihre Mutter im Kopf. ›Es gibt etwas, das wir die Integrität des Territoriums nennen.‹ Alle sind still, der Raum passt sich den Bedingungen der Frau an.« Die Direktheit und Ehrlichkeit dieser Frau wirken sich sofort auf die Diskutierenden aus. Sie sind verblüfft. Obwohl sie die ganze Zeit nach einer Lösung suchen, war ihnen bis zu diesem Zeitpunkt nicht aufgefallen, dass es eine wahre Offenheit gar nicht mehr geben kann – denn sie haben längst schon ihr Ziel formuliert, alles ist bereits festgezurrt und dem Kapital unterworfen worden. Durch ihre Aufrichtigkeit entlarvt die alte Frau die scheinheilige Diskussion. Das gelingt ihr, ohne auch nur einen Augenblick lang aggressiv zu sein. Es ist bezeichnend, dass man im Internet allenthalben und überall auf die Formulierung der »territorialen Integrität« stößt, wenn man die Formulierung »Integrität des Territoriums« eingibt. Erstere spiegelt einen Verteidigungsmodus einer Welt, die sich bereits in der Sprache in Stellung bringt. Damit wird ein Kriegsmodus in den Raum gegeben, der im Denken keinen Platz für Alternativen lässt und eine absolute Wirklichkeit herstellt. Das hat schwerwiegende Folgen. Denn sobald man sich zu dieser Wirklichkeit in Beziehung setzt, erkennt man sie als die einzige Wirklichkeit an. Auch wenn man sie bekämpft, bestätigt man sie. Indem man gegen sie angeht, macht man sie sichtbar. Wir stärken auf diese Weise das, was wir bekämpfen. Lange bevor irgendeine andere Wahrheit überhaupt aufscheinen kann, überlassen wir dem Krieg den ganzen Platz in unserem Denken. In einer solchen Welt erscheint die reine Empfindung als lächerlich, Ehrlichkeit wird als naiv, und wenn nicht so, dann schon bald als pathetisch bezeichnet. In einer solchen Welt der Pseudo-Macht ist jemand, der in Ohnmacht fällt, keinerlei Zuwendung würdig. Vor einiger Zeit ist beispielsweise in Deutschland ein älterer Mann in einer Bank gestorben. Auf dem Boden liegend, hat er in den Menschen, die am Automaten Geld abhoben, keinerlei Mitgefühl ausgelöst. Sie stiegen einfach über ihn hinweg wie über ein lästiges Hindernis, das zwischen Geldautomat und Abendessen überwunden werden musste. Wäre es einer Frau anders ergangen? Ricarda Huch hat über die Wahrheit gesagt, man werde um sie kämpfen müssen, »ohne dass sie sichtbar als ein Stern oder Feuer voranleuchtet«. Ich denke, das gilt in unserer Zeit auch für die Freundlichkeit und für die Ehrlichkeit, die aufs Engste mit der »Integrität des Territoriums« verknüpft sind. Dieses Territorium ist im gleichen Maße ein inneres wie ein äußeres. Wir können unsere innere Welt nicht mehr von unserer äußeren trennen. Nichts kann einem vorausleuchten, wenn es nicht im eigenen Geist, im eigenen Wort oder in der eigenen Handlung in die Tat umgesetzt wird. »Solange wir leben, müssen wir uns entscheiden«, heißt es bei dem israelischen Maler Jehuda Bacon, der in dem gleichnamigen Buch über sein »Leben nach Auschwitz« Auskunft gibt und der über Grenzsituationen sagt, in ihnen schäle sich das heraus, was wir Herzensbildung nennen. Das bloß intellektuelle Wissen schützt den Menschen nicht vor dem Abdriften ins Böse. Auch jenseits von Grenzsituationen im Alltag erhalten wir, wenn wir unsere Aufmerksamkeit darauf ausrichten, immerfort Gelegenheit, uns die Verfasstheit der eigenen Herzensbildung anzusehen. Sie ist niemals abstrakt. Und wir können sie nicht allein und nur für uns erlangen, sie ist immer mit den anderen Menschen verbunden. Jeder, absolut jeder Mensch, den wir treffen, schreibt an unserem Lebensbuch mit.

In meiner frühen Kindheit hatte eine meiner Tanten mir dabei geholfen, eine neue Seite in meinem kleinen Lebensbuch aufzuschlagen und meinen eigenen Körper genauer zu sehen. Und vielleicht hat sie damals den ersten Augenblick, in dem ich mir meiner Verletzlichkeit bewusst wurde, mit jenem Raum verbunden, den Jehuda Bacon »Herzensbildung« nennt. Weinend rannte ich zu meiner Tante, bei der ich damals abgegeben worden war und bei der ich lebte. Es war ein regnerischer Nachmittag, unbekümmert spielte ich auf den herzegowinischen Hügeln nahe des Marienerscheinungsortes Međugorje mit meinen Cousins. Ich war vier oder fünf Jahre alt und hatte nur mit Jungen zu tun. Niemand hatte mir erzählt, dass es überhaupt so etwas wie Mädchen gab, und von den Namen der Kinder leitete ich so etwas nicht ab. An diesem Tag wollten meine Cousins in eine der vielen Grotten der Gegend steigen und waren deshalb sehr aufgeregt. Es hieß, es sei dunkel und gefährlich in diesen Erdhöhlen und sie seien vielleicht voller Schlangen, die dort überwinterten. Aber sie hatten Taschenlampen dabei und waren furchtlos. Als der Aufbruch nahte, machte auch ich mich mit ihnen auf den Weg. Ein eisiges Schweigen schnitt die Luft in zwei Reviere. Einer der Jungen sagte, ich könne dieses Mal nicht mit. Auf meine Frage, warum das so sei, sagte er ohne zu zögern und mit einer Frostigkeit, die mir den Atem nahm: Du bist ein Mädchen. Ich glaube, bis zu diesem Augenblick hatte mir in meiner Kindheit wirklich niemand zuvor gesagt, dass ich ein Mädchen war. Weil ich aber in die Grotte mitwollte, überlegte ich fieberhaft, was ich denn tun konnte, und war mir sicher, dass es einen Weg geben musste, an meinem Zustand, der die anderen störte, irgendetwas zu ändern, und zwar sehr schnell, damit mir das Erlebnis der Grotte nicht entging. Wenn aber eine Änderung nicht jetzt möglich war, dann doch auf jeden Fall später – damit mir so etwas nicht noch einmal passierte. Als meine Cousins alle verschwunden waren, liefen mir die Tränen über die Wangen. Dann erzählte ich meiner Tante, was geschehen war, und wollte von ihr wissen, wann es denn dann bei mir so weit sein würde, und wie groß ich denn werden musste, um aus dieser Phase des Mädchenseins hinaus- und in die richtige Phase – in den Zustand eines Jungen – hineinzuwachsen. Kurzum, ich fragte sie, wann genau ich denn ein Junge werden würde. Niemals, mein Herz, sagte sie. Dieses Niemals fühlte sich an, als würde der Karst mich für immer verschlucken. Es war eine schlimme Nachricht. Ich hatte nicht damit gerechnet, so etwas Endgültiges zu hören. Ich würde also nie ein Junge werden. Das Unglück war grenzenlos. Aber als ich nicht einmal mehr darüber weinen konnte, hellte sich schließlich etwas in mir auf. Mit einem Mal wurde durch meine eigene Not und Verletzlichkeit das Leben der anderen Menschen sichtbar. Worunter leiden die anderen?, fragte ich mich, und die Körper all jener, die mich umgaben, rückten näher an mich heran und waren nicht mehr so weit entfernte fremde Planeten wie zuvor. War jeder denn an seinem Platz glücklich? Wollten denn die Frauen nicht in die Höhlen und Grotten hinabsteigen und sehen, was so tief in der Erde unter ihren Füßen ein Eigenleben führte und von dort zu ihnen sprach? Als ich mit meinen Verwandten über die Höhlen redete, in die meine Cousins ohne mich aufgebrochen waren, bekam ich nie eine richtige Antwort, denn ich wollte genau wissen, was sich in ihnen verbarg und wie tief sie eigentlich waren. So tief wie das Meer? Noch tiefer? Konnte man in ihnen sterben?

Jahrzehnte später erfuhr ich, dass in eben diesen Karstgrotten 1941 auf dem damaligen Staatsgebiet von Kroatien und Bosnien-Herzegowina die kroatischen Faschisten Abertausende von Serben und Juden umbrachten, die sie zuvor in Lagern gefangen gehalten oder aus ihren Dörfern direkt dorthin verfrachtet hatten. Noch viel später kam heraus, dass ich jüdische Vorfahren habe, von denen mir nie jemand erzählt hat und die von Generation zu Generation im Vergessenheit geraten waren. Die Grotten haben sich seit meiner Kindheit aber für immer in mich eingebrannt. Im Zweiten Weltkrieg erschossen die Anhänger des faschistischen Ustascha-Terrorregimes die Menschen entweder direkt über den Grotten oder warfen, um alle Spuren zu verwischen, ihre von irgendwoher herangekarrten Überreste hinein. Als Kind und als das Mädchen, das ich war, konnte ich all das nicht wissen. Ich wollte nur Teil eines unbekannten Abenteuers sein. Meine Cousins haben mir nie erzählt, ob sie an jenem Tag wirklich in die Grotten gestiegen sind, wie sie es ohne mich geplant hatten. Sie nahmen mich aber nie wieder irgendwohin mit. Ich erinnere mich daran, dass mein Körper von einem Gefühl der Traurigkeit erfasst und in einen merkwürdigen Zustand der Starre überführt wurde, so, als sei nun das Gehen ein anderes geworden und als hätten sich meine Füße mit Begrenzungen vertraut gemacht, die mir als Mädchen auferlegt waren, mir als einer Kategorie, und nicht mir als einem Einzelwesen, das auch barfuß in die Grotte gestiegen wäre, allen Schlangen, Dunkelheiten und Gefahren zum Trotz. Ich zog bald von dieser Tante fort. Die meisten meiner Cousins haben später im Krieg gegen die serbischen Einheiten gekämpft. Ich habe nie erfahren, welche Rolle die Grotten in dieser Zeit für sie gespielt haben. Auch weiß ich nicht, ob sie sich an die Grotten so erinnern wie ich. Vielleicht können sie das nicht, vielleicht ist nur der Schmerz jene Kerbe, die uns wie ein hilfloses Wesen in unser Gedächtnis stellt und dann auch, beizeiten, jenseits von ihm. Irgendwann ist nach Gedächtnis vor dem Gedächtnis. Wir fangen an, uns für Ursachen zu öffnen. Für das Mögliche. Das Denkbare. Meistens finden wir die

Ursache dafür dort, wo es, wie es einmal bei Jacques Lacan heißt, hapert. Wo hat es damals bei mir gehapert? Wo war der Schmerz? Es hapert immer und bei jedem am Anderssein. Und doch ensteht genau aus dieser Art Teilhabe ein verstehendes Betrachten. Und das ist vielleicht auch das, worauf Virginia Woolf mit ihrer Anspielung auf Coleridge hinauswollte: Aus dem ureigenen Anderssein und nur aus ihm heraus können wir ins Ganze streben. Noch heute ist das eine meiner wichtigsten Übungen, denn immer noch muss ich mich zur Ordnung rufen und das Anderssein aufs Neue ertragen lernen, wenn man mir zu verstehen gibt, an mir stimme etwas nicht. Es hilft zu wissen, dass der wahre Geist androgyn ist. Er scheut weder Schlangen noch Grotten, er schöpft aus seiner Weite Kraft. Die Weite liebt das Leben. Oder, um es mit den berauschenden Worten Meret Oppenheims zu sagen: »Ich bin das Geheimnis der Vegetation.« Diese Vegetation ist unzähmbar, selbst dann, wenn man ihr einen Platz zuweist und sie zur Kultur formt. Die Narben, die wir davontragen, sind unsere eigentlichen Herzen. Unser Leben bündelt sich in ihnen. Die Narben singen ihre Lieder und zeugen von der Reibung, der wir ausgesetzt waren und aus der wir mit einem neuen Bewusstsein von uns selbst hervorgegangen sind. Wir schauen in uns hinein und sehen, man kann uns nicht töten, solange wir uns selbst vertrauen und die Narben nicht zu den anderen, sondern in unsere eigene innere Welt tragen, weil wir nur dann Einzelne werden und nur so wissen können, dass wir nichts anderes tun müssen, als die Menschen zu sein und zu werden, die wir wirklich sind. Denn ein jeder von uns ist »unvergleichlich«.

Literatur:

Swetlana Alexijewitsch, *Der Krieg hat kein weibliches Gesicht.* Aus dem Russischen von Ganna-Maria Braungardt, Berlin 2015.

Jehuda Bacon, *Solange wir leben, müssen wir uns entscheiden. Leben nach Auschwitz.* Im Gespräch mit Manfred Lütz, München 2016.

Charlotte Beradt, *Das Dritte Reich des Traums.* Hrsg. und mit einem Nachwort versehen von Barbara Hahn, Berlin 2016.

Silvia Bovenschen, *Sarahs Gesetz*, Frankfurt a. M. 2015.

Inger Christensen, *Im Geheimniszustand und Gedicht vom Tod. Essays.* Aus dem Dänischen von Hans Grössel, München 1999.

Ricarda Huch, *Urphänomene*, Zürich – Freiburg Breisgau 1946.

– *Mein Herz, mein Löwe. Schriften und Briefe*, Weimar 2015.

Meret Oppenheim, *Träume. Aufzeichnungen 1928–1985.* Hrsg. und mit einem Nachtwort versehen von Christiane Meyer-Thoss, Berlin 2013.

Virginia Woolf, *Ein eigenes Zimmer.* Hrsg. u kommentiert von Klaus Reichert. Deutsch von Heidi Zerning, Frankfurt am Main 2003.

Älterwerden – der Körper als Erzähler

Der Raum zwischen den Menschen wird durch ihre Körper sichtbar. Bewegt der Mensch sich, bewegt und verändert sich auch der Raum. Er lotet die einzelnen physischen Präsenzen aus und formt dabei ein bewegliches Muster zwischen ihnen, malt eine Musik in die Welt, die sich in unzähligen kleinen Bewegungen sekündlich verändert. Wer sich selbst bewegt, bewegt immer auch den Raum zwischen sich und den anderen. Die Luft ist ein unabhängiges Zeichensystem, sie verbindet uns alle miteinander. Lange noch vor der Einschiffung ins Ich gibt es einen seelischen Transfer zwischen den Menschen, der sich am besten aus Vogelperspektive erzählen lässt. Von oben sehen wir nicht mehr nur uns allein, sondern blicken auch auf das Leben der anderen. Das Bild wächst, wenn wir wachsen. Und wenn wir bereit sind zur Vogelreise, teilt es sein Wissen mit uns.

Aus der Vogelperspektive war die Welt in den kleinen Jahren der Kindheit für mich weit, leise und federweich, vor allem dann, wenn ich es in den heißen dalmatinischen Sommern den Vögel gleichtat und barfuß – an den beiden wachen Pferdeaugen vorbei – auf das Dach unseres nie fertiggestellten Stalls kletterte. Mit einem Eimer voller Wasser ausgestattet, den ich mir zur Abkühlung über den Kopf kippte, wenn es mir zu heiß wurde, beobachtete ich dort ganze Tage lang den flimmernden Lichtschlaf des Sommers, der mich in einen dösend ruhigen Zustand vollkommener Erwartungslosigkeit versetzte. Das waren meine wiederkehrenden Sommergebete. Die ganze Kindheit über blieb ich ihnen treu. Manchmal denke ich, dass alle Kinder überall auf der Welt in solchen Momenten der Hingabe auf diese Weise beten und gar keine Worte brauchen, um in diese heilige Stille und in tiefere Schichten des Lebens einzutauchen. Es ist alles in ihnen, die Zeit, der Raum, die Elemente. In diesen Augenblicken haben sie keine Wünsche, ja, fast keinen Körper mehr. Ich selbst wurde damals auf dem Dach unseres Stalls betend ein leiser Teil der Luft und geriet in einen mit dem Licht sirrenden Zustand der Zeitlosigkeit, wenn ich den Bewegungen der Menschen und dem langsamen Vorankommen der Pferdekarren auf der Landstraße mit sommermüden Ohren nachlauschte. So haben sich mir die Sinne von selbst geöffnet, wie in der Sonne warm gewordene Türen, die wir zum Garten behutsam auftun und durch die der Wind neue Botschaften an unseren Körper heranträgt. Noch immer hat diese Erfahrung aus der Kindheit die Gültigkeit eines Friedensbildes für mich. Irgendwann tauchten auch in dieser stillen Dorfwelt mehr und mehr Autos auf, die die sanftäugigen Pferde vertrieben und das Ende ihres Jahrhunderts einleiteten. Aber dieser allererste Vogelposten der Ruhe ist für alle Zeiten in meinen Körper abgesunken. Die Ruhe bleibt mir ein treuer Helfer. Wenn ich das Bild brauche, besucht es mich gleichsam von allein und taucht als Bote vor meinem inneren Auge auf. Ich lasse es in meinem Inneren seine Wirkung entfalten. Das wird nötig, sobald ich den Überblick verliere – beim Schreiben oder im unnatürlich beschleunigten Leben. Wenn wir den Überblick verlieren, ist uns der Vogelblick abhandengekommen. Der Überblick ist der Vogelblick, in dem die Zeit nicht horizontal, sondern vertikal zu uns spricht. Ohne den Vogelblick sind unsere Körper nur auf ihre Schwere zurückgeworfen. Sie haben dann das größere Passepartout verloren. Aus dem Größeren spricht aber eine andere Perspektive, sie bietet sich sehr still, sehr leise selbst an. Sie überrascht mich immer wieder, weil sie immer da zu sein scheint. Sogar dann, wenn der Blick sich mir verengt, harrt sie treu ihrer Entdeckung. Der Körper hat diese Erfahrung aus den ersten Lebensjahren in Schrift verwandelt, in ein offenes Buch, das tief in der inneren Zeit abgelegt ist. Dort ist die große Ruhe. Diese Schwester ohne Forderungen. Zwischen den Körpern singen die Vögel ihre Lieder, die die Körper einander durch Bewegung übermitteln. Und das Leisesein ermutigt einen in sich ruhenden und sich als richtig empfindenden Körper, alle Anspannungen loszulassen, damit das Dazwischen selbst sprechen kann.

In Kluges Etymologischem Wörterbuch wird »meta« als ein Wortbildungselement mit der Bedeutung »zwischen, nach, hinter bzw. zum Ausdruck eines Wechsels« beschrieben. Zwischen, vor und hinter dem Körper lebt immerfort noch ein anderer Raum, der das Physische beatmet oder in der Luft hält oder in einem bestimmten Augenblick sichtbar macht. Nach Franz Dornseiff ist auch das Übersinnliche metaphysisch. Vielleicht überschneidet sich dieser Gedanke eines deutschen Altphilologen mit jenem eines klinischen Psychologen, der Gender Dysphoria als »riesige kosmische Kopfschmerzen« beschreibt und die die Whistleblowerin Chelsea Manning – von ihr wird später noch die Rede sein – so in der Zeit vor ihrer Geschlechtsumwandlung erlebt hat. Sie sagt, diese Formulierung von den kosmischen Kopfschmerzen beschreibe exakt ihren früheren Zustand, in dem sie sich morgens, abends, zum Frühstück, zum Mittagessen befunden habe, immer, ganz gleich, wo sie sich aufgehalten habe oder wo sie hingegangen sei.

Zwischen unseren äußeren und inneren Bewegungen und Sinnen floriert ein permanentes

Gespräch. Ein metaphysischer Transitraum der Sehnsucht nach Vollständigkeit. Dieser Raum befindet sich sozusagen hinter unserem Rücken, den niemand von uns ohne die Hilfe eines Spiegels sehen kann. Es sei denn, er löst das mystische Paradoxon und erlangt in sich selbst ein mutiges Sehen ohne Augen, das auch die metaphysische Dimension ins Spiel bringt. Der Körper ist sein eigener Erzähler. Ein in sich ruhender, ehrlicher Körper strahlt immer eine ganz eigene Ruhe und Freundlichkeit aus. Einer von Pina Bauschs Tänzern beispielsweise berichtet, sie habe ihn immer wieder dazu angehalten, bestimmte Bewegungen zu wiederholen, sie »besser« und »ehrlicher« zu machen. »Besser« und »ehrlicher« wird Pina Bausch vielleicht als Synonyme begriffen haben. In diesem Zusammenhang hat Wim Wenders über sie gesagt, sie habe »ein ganzes Vokabularium der Bewegung und der zwischenmenschlichen Entdeckungen erfunden, eine nahezu unendliche Litanei von Ritualen zwischen Männern und Frauen, dazu eine Grammatik der Einsamkeit, des In-sich-Zurückziehens sowie des Aus-sich-Herausgehens«. Ohne dass auch nur ein Satz gesprochen werde, so Wenders, könne der Körper sich mitteilen und unendlich viele Geschichten freisetzen. Der Theaterbesucher werde als Bewegter und sich nach ihren Tanz-Vorstellungen anders Bewegender reich beschenkt. Diese Bewusstseinsarbeit, die Achtsamkeit und Langsamkeit vereint, führt zu einer reinigenden Selbstvergewisserung, die auch ich einmal und überraschenderweise in Ägypten erlebt habe. Im Kairoer Stadtbezirk Zamalek, das sich auf der nördlichen Seite der im Nil gelegenen Insel Gezira befindet, hatte sich ein kleines Familienhotel ganz und gar Pina Bausch verschrieben. Die Wände des Hotels waren regelrecht mit Bildern von ihr tapeziert. Wochenlang begleitete mich ihr sprechender Blick. Sie schien wie eine stille, milde lächelnde Göttin in mich hineinzusehen und alles über mich zu wissen. In der größten Stadt der arabischen Welt, die samt Metropolregion über zwanzig Millionen Einwohner zählt, beruhigte sie mich über Wochen hinweg mit der Klarheit ihres Ausdrucks und ihrem in sich ruhenden Körper. Obwohl jeder Körper altert, auch dieser hatte sich mit der Zeit verändert, strahlte ihrer jenseits von Alter und Jugend einen schönen Eigensinn aus und wirkte zeitlos auf mich. Als ich ihn damals Tag um Tag betrachtete, kam mir der Gedanke, er sei durch die ihm gegebene Schönheit und die an ihm vollzogene geistige Disziplin seine ureigene Zeit geworden. Er wirkte sich in jenen Wochen auf mein eigenes physisches Befinden wohltuend aus in einer Stadt, die für mich die erste arabische Stadt meines Lebens war und von der man sagt, in ihr bewegten sich auf jedem Quadratmeter an die dreitausendfünfhundert Menschen. Kairo war überwältigend dicht, groß, laut, unlogisch und unberechenbar, eine Stadt, in der ich zum ersten

Mal Frauen sah, die voll verschleiert waren und sich mit Jacques Derrida beschäftigten, und andere, die perfekt Französisch konnten und sich mit und ohne Kopftuch durch die staubigen Straßen der Stadt bewegten, auf denen an den Freitagen unzählige Männer beteten und mich nicht deshalb zutiefst befremdeten, weil sie beteten, sondern weil sie, und das begriff ich erst lange Zeit danach, so ganz und gar unter sich waren.

Männer
mit ihrem Gott
ohne Frauen.

Jedes Mal, wenn diese Bilder zu intensiv wurden, ging ich auf Umwegen zurück zu Pina Bausch ins Hotel und aß auf der Veranda mit Blick auf die Dächer der Stadt eine Linsensuppe. Der Muezzin sang für Kairo, und ich verbündete mich mit der Klarheit ihres Blicks. Noch heute denke ich an den Satz, der mir damals durch den Kopf ging, als ich ihr Gesicht als Zufluchtsort erlebte:

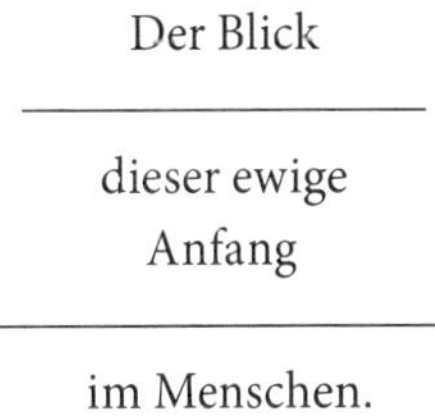

Wim Wenders betonte in seiner Trauerrede auf Pina Bausch, sie habe aus Misstrauen gegen die Worte umso mehr ihre Augen eingesetzt. Vor einigen Jahren hat die Performancekünstlerin Marina Abramović in ihrer »The artist is present«-Darbietung im MoMa vor nahezu achthunderttausend Besuchern diese Übung des Schauens als Kunstform praktiziert. Sie sprach über siebenhunderteinundzwanzig Stunden an fünfundsiebzig Tagen kein einziges Wort und blickte im New Yorker Museum of Modern Art den Besuchern, die ihr gegenüber an einem Tisch Platz nahmen, einfach nur in die Augen. Es entstand ein stilles ereignisreiches Album der Blicke. Manche weinten, manche sahen über alle Maßen glücklich aus. Darunter waren Erleuchtete und Niedergeschlagene, Traurige und von Freude Erfüllte. Jede einzelne Regung schien einem inneren Archiv zu entspringen, das die Menschen, die vor der Künstlerin Platz nahmen, selbst überraschte. Einige waren überwältigt und verloren die Kontrolle über sich. Ganze Lebensessenzen wurden vor der madonnenhaft wirkenden Performancekünstlerin sichtbar, die Blick für Blick zur Projektionsfläche für die einzelnen Besucher wurde. Abramovićs körperliche Unbewegtheit schien automatisch die inneren Geschichten der Museumsbesucher energetisch zu bündeln. Vielleicht konnten sich die Menschen gerade deshalb innerlich bewegen und das zeigen, was ihnen vor sich selbst sonst in der äußeren Zeit und in den alltäglichen Abläufen nicht möglich war, da jemand einfach bedingungslos bei ihnen blieb. Hier hatten sie wieder eine Beziehung zu sich selbst. Zum eigenen Körper. Zu seinen Bedürfnissen. Nach einem Lächeln. Nach Tränen. Nach jedweder Ehrlichkeit, die sehr brutal sein kann, denn sie schont den Menschen nicht. Aber sie zerstört ihn auch nicht, sondern ist immer darauf ausgerichtet, den Erkennenden in transformierter Form aufzurichten. Wenn man selbst nicht ehrlich sein kann, gibt es keinen frei florierenden Zwischenraum der Gnade, und am Ende will jeder, der sich selbst belügt, auch von den anderen belogen werden. Deswegen sterben die einen Menschen an der Lüge und die anderen an der Wahrheit. Während aber in Wirklichkeit die Wahrheit nicht restlos tötet, sondern nur das absterben lässt, was bereits tot ist, ist die Lüge auf Dauer eine konsequente Totschlägerin. Sie bringt den ganzen Menschen zuerst von innen um und zwingt ihn danach vollständig unter ihre grausame Besatzung. Ein ganzes Leben wird so in Stillstand verwandelt. Unechte Körper nehmen einen Plastikhabitus an. Plastikgefühle sind die Folge. Eine Plastiksprache, ein Plastik blick sind die Konsequenz. Die Wärmelinien zu den anderen Menschen sind gekappt. So scheint alle Anbindung an die eigene Integrität verloren gegangen zu sein. Aber die Reibung lässt sich nicht verscheuchen, sie ist noch immer da. Ihre Sprache. Ihre Forderung, man möge ihr Gehör schenken.

Geschieht das nicht, werden in einem solchen Denk- und Empfindungsraum das Alter und das Älterwerden folgerichtig als Verlust bezeichnet. Weil es eine geistige und keine zeitliche Kategorie ist, kann das Plastikdasein in jeder Lebensphase überhandnehmen. Das Alter ist vor diesem Hintergrund nur eine vorgeschobene Agenda für ein ungelebtes, ein in sich zementiertes Leben, das die Verwandlung, den Transit ins Innere scheut. An dieser Achillesferse nistet sich leicht die Angst ein. Über das Alter spricht man dann wie über eine unvermeidliche Krankheit. Friederike Mayröcker wurde beispielsweise zu ihrem achtzigsten Geburtstag in einem Interview mit Formulierungen wie »Lebenszeitverlust« oder dem »Verlust der Lebenskräfte« konfrontiert. Dieser emotionalen Apokalypse setzt die Dichterin den magischen Raum und die »Unbegreiflichkeit des Lebens« entgegen und sagt schlicht dazu: »Ich fühle mich nicht alt.« Manchmal gehe es sogar so weit bei ihr, dass sie wieder in ihrem Kindheitsort Deinzendorf »bloßfüßig« herumlaufe – und zwar »als Kind«. Das sei nicht nur die übliche Erinnerung des alten Menschen, sondern die Kindheit selbst und »(…) das Gefühl, ich fange erst an. Manchmal denke ich, mein Leben beginnt überhaupt erst«.

Anfänger seiner selbst zu sein, gelingt immer nur dann, wenn die vornehmliche Orientierung im Leben eines Menschen nicht der Blick zurück in die Vergangenheit ist. »Ich denke nicht viel an die Vergangenheit«, sagt Friederike Mayröcker. »Ich denke an eine Mischung von Gegenwart und Zukunft. Ich habe noch sehr viel vor.« Die Beschreibung ihres Lebens sei »ein endloser Augenblick«. Mayröckers Blickrichtung ist ein Sprung in der Zeit, eine Überwindung der körperlichen Schwere, in der ein neues Denkmuster möglich wird, jene Lücke, in der »Gottes Beschirmung« wie ein Wetter aufleuchtet, wie es in ihrem Buch »Pathos und Schwalbe« heißt: »… erinnere ich verblühten Veilchenstrausz nämlich sein hingebungsvolles Verblüht- und Verblichensein, Sterben: *Gottes Beschirmung.*« An der Stelle, an der sonst ein kriegerisch sich einsurrender Marschallplan der Vergänglichkeit ins Spiel kommt, wird ein großes Kaleidoskop eigener Erfahrungen aktiv, das nicht mit den Kategorien der äußeren Zeit zu greifen ist: »Zum Beispiel Alter es sollte aber ein Stolz sein fernöstliches Sinnen auch strenges Bedenken namentlich, da die Anmut der Monde ach, dein stumpfgeschriebener Bleistift, DIESE FONTÄNE.« Kondensiertes Sein wehrt sich gegen die Zeit, obwohl es aus ihr und im Ringen mit ihr entsteht und bei Mayröcker im »Abgesang« zu Bewusstsein kommt, Bestrahlung und Versehrtheit in einem enthaltend: »Abgesang: wünsche mir dasz du, wenn meine unsterbliche Seele auf Wanderschaft nicht denken muszt ›endlich erlöst‹ sondern dasz du denken kannst ›war doch eine schöne Zeit‹ usw.«

Im schöpferischen Arbeitsprozess selbst geht es auch immer wieder an entscheidenden Knotenpunkten um luzide Gegenwärtigkeit, durch die die Vergangenheit hindurchfließt und das eigene Selbst durchwandert. Die Beschaffenheit des eigenen Bewusstseins ist dabei wesentlicher als ein bestimmter Augenblick in der Zeit, da er sich ohnehin in jenem Moment, in dem die poetische Dimension wirkt, in Auflösung befindet. Eine neu gefühlte Zeitmusik wird möglich, die Verschmelzung greift tief ins Denkgefüge. »Poesie ist drängend«, schreibt die 1925 in Beirut geborene Schriftstellerin und Malerin Etel Adnan in ihrem Buch »Gespräche mit meiner Seele« und hält fest: »Du musst den Gedanken erwischen, den Satz, der nicht nur über die Dinge selbst spricht, sondern darüber, wie du sie empfindest, was du über sie denkst. Oder über etwas, was plötzlich auftaucht. Wie es Heidegger ausdrückt: Die Welt leuchtet auf. Und was du poetisch sagst, taucht fast von allein auf, du ergreifst es, du stellst es nicht her. (…) Poesie entsteht über Wahrnehmung, über einen Partikel deines täglichen Lebens.« Was für das Drängende der Poesie gilt, gilt genauso und zuallererst für das eigene Sein. Das Leben ist drängend. Der Körper ist sein Zuarbeiter, ein Gehilfe, der alles und auch ohne unser Wissen wortlos ausdrückt, was wir an Resonanzen in uns tragen. Er ist der Übermittler unserer ursprünglichen Poesie, die noch das letzte leuchtende Überbleibsel aus einem inneren Paradies ist, das wir an die äußere Welt verkauft haben. Aber alles leuchtet immer wieder auf in wahrer Bedeutung, wenn wir das plötzlich vor uns oder in uns Aufgetauchte wieder in seiner Ursprünglichkeit sehen und lesen können, es würdigen und mit einer vitalen inneren oder äußeren Bewegung in Einklang bringen. Wenn wir ganz werden in uns selbst, kann der Körper nicht lügen. Eine im poetischen Satz und im wahrhaftigen Leben erlangte Erkenntnis hat, wie es auch dem Vergessen eigen ist, ein besonderes, dem eigenen Atem gemäßes Tempo. Selbst wenn hier und dort ein alter Schmerz aufscheint, verwandelt er sich in der Gegenwart und in der Syntax in einen eigensinnigen, sich selbst verpflichteten Singvogel. So schafft der vergangene Schmerz Raum zwischen dem eigenen Erleben, dem eigenen Körper und dem in uns waltenden Konvolut des Erinnerns. »Schmerz ist Gegenwart«, heißt es bei Etel Adnan. Der Schmerz raubt uns also die hinderliche Zukunft, zu der wir – ohne unseren Körper – immerzu hineilen. Wir verlassen in diesen Augenblicken die Weisheit des Körpers und schwirren mit unseren ängstlichen Gedanken in die Zukunft oder in die Vergangenheit aus. Der Schmerz und das tief erfahrene Glück rufen uns gleichermaßen in den zeitlosen Raum. Alles, was wir aus diesem Zustand heraus sagen können, ist aus dem Jetzt gesagt. Auch das Denken wird langsam und genau. Es hat keine Eile. Es darf noch im Jahrhundert der Pferde verweilen. Mit dem Atem der Tiere denken. Der poetische Satz selbst wird zur inneren Zeit und hat eigene Augen, wird etwas Neues, Drittes und Androgynes. Das Dritte ist die Schnittmenge aus gelebter Vergangenheit und einer imaginierten Zukunft. Das eine ist bereits entschwunden, das andere noch nicht entstanden, aber umso anwesender und realer ist das Dritte. Die Schnittmenge. Das Hier und Jetzt. Die Offenheit und Kraft neuer Möglichkeiten. Die verstrebten Botschaften von Chronos und Kairos. Es gibt kein Alter, in dem nicht noch ein neues inneres Ausland zu finden wäre. Friederike Mayröcker erlebt im Schreiben die Hingabe an diesen inneren Ort, wie sie es sagt, »als eine hohe Konzentration auf etwas Spirituelles«. Sie umkreist es auch als »eine Art Sehnsucht«. In jedem Fall sei das Schreiben für sie eine Anstrengung und eine Loslösung von der äußeren Welt. So, wie sich Friederike Mayröcker nach ihren »ungeschriebenen Werken« sehnt, sehnt sich der Mensch auch nach seinem noch ungelebten Leben. Das Älterwerden öffnet die Zeit nach vorne, das noch zu Entfaltende schält sich mit den Jahren immer deutlicher heraus. Wie lange werden wir leben? Wie offen können wir noch sein? Wen dürfen wir noch lieben? Der Körper wird mit den Jahren sein eigener Verwalter, in dem sich unsere Haltungen und Handlungen spiegeln. Seine Verlangsamungen und sein Eigensinn zwingen uns schließlich irgendwann zur Blickumkehr, wir vollziehen über unsere Erfahrungen eine Kreisbewegung, die von außen allmählich nach innen führt. Das metaphysische Erleben von Zeit ist jedem Leben mitgegeben. Es wird im Älterwerden greifbarer und erzählbarer, weil es nun auch im eigenen Denken und in der Sprache einen Ankerplatz gefunden hat. Die Rückschau ist dann keine Fluchtbewegung mehr, sondern erfüllte und erfüllende Wahrnehmung, die die amerikanische Schriftstellerin Paula Fox in ihrem Buch »In fremden Kleidern, Geschichte einer Jugend« mit der Offenheit der Stunden in Verbindung bringt: »Die Zeit war lang in jenen Tagen und ohne Maß.«

Diese Dehnung der Zeit ist stets mit einer gesunden Langsamkeit verschwistert und mit einer kleinen Zeitlupe verwandt, die für uns einerseits alles Innere sichtbar macht, es aber andererseits auch anhält, wie eine Sequenz in einem Film, die wir sonst nie in Ruhe betrachten können, weil der Film einfach weiterläuft, so, wie auch das Leben immer weiterläuft. Und von einer in die andere geistige Jahreszeit übergeht. Von einem Lebensjahr ins andere. Von einer Phase, Etappe, Entwicklung, Sehnsucht, Liebe und Freundschaft zur anderen. Wenn aber die Blickrichtung nicht mehr nur nach vorne, sondern auch nach innen geht, erscheint sie manchmal wie eine Wanderung durch die Tage unseres Lebens, das geistige Auge ergeht das gelebte Leben mit der Iris wie unsere Füße über die grüne Wiese gehen. Paula Fox, die auch von einem

»Horchen« mit dem eigenen Selbst spricht, schreibt einmal: »Ich wanderte durch die Vormittage, als gäbe es nichts hinter mir und vor mir, und alles, was ich mit mir trug, leichten Herzens, war die Gegenwart, ein Augenblick ohne Ende.«

Auch Etel Adnan ist diesem inneren Selbst nähergekommen, und zwar bei der Betrachtung des Nebels in der San Francisco Bay. Eigentümlicherweise war es ausgerechnet der dort in den Sommern tief hängende Nebel, der, so Adnan, anders als der Schnee, die Landschaft vollständig auslösche. Der Nebel unterscheide sich zudem von der Nacht, man sehe ihn so heranziehen, wie ein Objekt sich bewegt, wie ein kosmisches Tier, das über Häuser und Hügel laufe. Mit diesem Phänomen habe sie in Kalifornien gelebt und jedes Jahr aufs Neue darauf gewartet. »Und dann begann ich zu schreiben«, notiert sie. »Und die Vorstellung vom Nebel brachte mich erstaunlicherweise zu der Vorstellung von der Seele. Veranlasst durch die neblige Umgebung machte ich einen Schritt in mich hinein. Eines Tages spürte ich: die Seele ist Etwas. Ich habe nie daran geglaubt, wie es die katholische Kirche lehrt. (…) Doch plötzlich spürte ich die Seele. Ich sage nicht: sie existiert. Ich glaube, Körper und Seele bilden das, was wir lebendiges Sein nennen. Auf einmal machte es Sinn, dass wir zwei Wesen sind.«

Das Abtasten des eigenen Selbst mute ich beim Schreiben einigen meiner literarischen Figuren als ihr eigentliches Begehren zu, ja, ich zwinge sie regelrecht, ihre inneren und äußeren Architekturen, ihre Städte, Orte, Dörfer, Landschaften, Beziehungen, Verbindungen und Wahrnehmungen zu durchschreiten. Nicht nur sie, auch ich selbst kann auf diese Weise in die innere Zeit eintauchen und ihrer gewahr werden. Ruhe ist dabei das, was ich für sie und für mich in der Sprache erstrebe. Eine große Ruhe. Einen Ozean aus Ruhe. Auf dem es obenauf nur deshalb still ist, weil in seinen Untiefen alles durchschwommen ist. Gesehen. Betrachtet. Mit der geistigen Zeitlupe durchgearbeitet. Mit den Augen und den inneren Sinnen berührt. Nur die genaue Konfrontation mit allen Bewegungen bringt jene Ruhe mit sich, die zu uns als Erlösung spricht. Manchmal ist die Erlösung ein sagbarer Satz, ein Wort, das laut ausgesprochen wird. Manchmal können wir aber nur die Augen schließen, weil die Worte und die Bücher und die Ideen nicht mehr helfen. Wir sind von Gewalt umgeben und versuchen dennoch, ihr Frieden entgegenzuhalten, Frieden zu leben. Das ist schwer. Gewalt hat ihre eigene Gravitation, in der wir uns, ob wir es wollen oder nicht, automatisch bewegen. Ist Gewalt männlich? Ist Frieden weiblich? »Es geht nicht mehr länger darum«, so Etel Adnan, »den Unterschied zwischen dem Weiblichen und dem Männlichen zu klären, sondern die menschliche Spezies neu zu definieren.« Die Gewalt richte ihre tausend Pfeile auf alles, was ihr begegne. Der

Gewalt ist eigen, dass sie keine Unterscheidungen zulässt. Die Wahrheit ist ihr erster Gegner. Wenn es uns gelingt, aufrichtig zu sein und ehrlich zu sprechen, sehen wir zwar die Pfeile der Gewalt, aber sind geschützt, weil wir im Inneren an einem anderen Ort stehen. Wenn wir uns nicht schon im vorauseilenden Gehorsam in Deckung bringen, wie Kinder es tun, die sich die Hände vor die Augen halten und das Gesehene auf diese Weise leugnen, hält das Betrachten einen anderen und größeren Ort für unser autonomes Denken bereit. Andernfalls verkümmern die Farben in unserer Seele. So leugnen wir unsere unauslöschliche Einsamkeit vor uns selbst, die Etel Adnan in einem ihrer Texte mit der Würde der Frauen auf der griechischen Insel Skopelos in Verbindung bringt, die sie beobachtet und mit denen sie ins Gespräch kommt. »Würde besitzt eine heldenhafte Eigenschaft im unternehmerisch denkenden Zeitalter«, heißt es einmal bei ihr. »Ich bin mir sehr bewusst«, schreibt sie, »dass ich mich in einem Teil der Welt befinde, wo die ersten Kosmogonien entstanden. Wenn ich am Strand liege und in den Himmel blicke, sage ich mir, das Universum kann nur ein grenzenloser Raum sein.«

Aber auch unser Innenraum ist ein grenzenloser Raum. Er ist verbunden mit jener Integrität, die auf das unternehmerische Kalkül verzichtet und wohl am ehesten jener gebündelten Zeit gleicht, die Etel Adnan »die Grausamkeit ewiger Gegenwart« nennt und die sie mit der Weisheit der Pallas Athene in Verbindung bringt: »Liebe, ernüchtert durch ihre Schöpfung.« Diese Eingebung kommt ihr bei der Betrachtung eines Freskos der Jungfrau Maria, in der sie mit einem Mal die Vereinigung allen Weiblichen sieht und notiert: »In ihr ist die Macht, die den Göttinnen von Babylon und Griechenland gewährt wurde, allgegenwärtig, aber es handelt sich um eine geläuterte, gesteigerte Macht, eine unsichtbare Energie. Sie ist es, die die Welt erschuf.«

Beim Schreiben ist die Erschaffung der Welt gleichzusetzen mit der Suche nach größtmöglicher Ehrlichkeit, nach jenem Augenblick, in dem sich Schmerz und Liebe ebenbürtig als schöpferische Elemente begegnen und den Adnan so leidenschaftlich als einen der »gloriosen Zerreißung, die Leben heißt« umschreibt. Denn am Ende will die hinter allen Worten und Sätzen schlafende Stille geweckt und in Leben verwandelt werden. Diese andere Seite der Welt ist sanft und leise und wird immer leiser, bis die Worte in ihrer Tiefe zum Klang werden, zurückkommen und sich schließlich als Wellen der eigenen funkelnden Existenz zeigen, die nicht auf das laute Aussprechen des Erkannten angewiesen sind. Es fühlt sich so an, als sei alles schon da – und bedürfe meiner nur als einer Botin, die das Gesehene beschreibt.

Aus taoistischer Sicht erläutert der deutsche

Komponist koreanischer Abstammung Isang Yun den gleichen Vorgang für die Musik und sagt, der Klang sei vor einem akustischen Phänomen schon da: »Der Kosmos, der Raum ist voller Klang. Welcher Klang aber? (…) Der Ton ist im Kosmos immer fließend da, der ganze Raum ist voll von Klang (…) Die asiatischen Musiker nehmen vom Raum her auf, jeder in seiner Art, und gestalten so die Musik. Wie durch eine Antenne empfangen sie die kosmischen Klänge und durch ihre Veranlagungen und Talente setzen sie sie in Musik um.«

So geheimnisvoll die Rolle etwa eines Schmerzes aus der Vergangenheit dabei ist, so betörend ist das Gewahrwerden seiner Vergänglichkeit. Wo im Klang befindet sich der Schmerz? Ist der Schmerz auch Teil des ganzen Raums, von dem Isang Yun spricht? Sobald der Schmerz zur Sprache und so zum Klang kommt, ist er jedenfalls bereits vergangen. Dann werden die Worte begehbares Land, der Himmel öffnet sich, die wechselnden Farben eines zum ersten Mal erlebten Meeres ziehen selbst in die Windungen eines kleinen Semikolons ein. Zu ihrem eigenen Meer, dem Mittelmeer, das in sie Einzug gehalten hat, sagt Etel Adnan in einem ihrer Texte, die von Frauen und Städten handeln: »Gestern ein wilder Sturm und heftige Regengüsse, ein magischer Bann. (…) Ich erkenne mein Mittelmeer mit seiner wechselnden Pracht, und all meine Ideen fliegen wie Tauben auf und davon. Und lieber Himmel! Braucht man Ideen, wenn man noch auf einer warmen Steinbrüstung sitzen und den herrlichen Blick genießen kann? Haben wir ganz vergessen, was ein Morgen ist?«

Das Erlebnis der Langsamkeit und das Sehen des eigenen Schmerzes, die an einem solchen Beobachtungsposten automatisch entstehen, vollzieht sich sowohl im Inneren meiner weiblichen Figur Arjeta in meinem Buch »Kirschholz und alte Gefühle« als auch im namenlosen Protagonisten im Roman »Das Wasser unserer Träume«, der zeitgleich ein Mann und eine Frau ist, obwohl er von sich behauptet, ein Mann zu sein. Sein Körper ist eine Insel, die sich mitten im großen ozeanischen Bewusstsein befindet und von ihm bewegt wird, in einem Wasser, das ihn umsingt und ins Leben mit einer Haut zurückführt, die nichts mehr trennen will und auch nicht trennen kann, da sie die Einheit schon erlebt hat. Diese Haut braucht keine spezifische Benennung, in ihr ist alles zusammengeführt. Wozu es noch trennen? Wozu es kleiner machen? Das Leben ist größer als unsere Identitäten. Das Fließende, das dem Wasserelement eigen ist, weitet mein Gehen in der Sprache, das ein Gehen im Geiste ist (man kann es mit geschlossenen Augen üben). Vor dem Schreiben ist eine Blindheit da, ein Nicht-Wissen-Können, wie sich die Sprache und ob sie sich mit mir anfreunden, sich mir schenken wird. Im-Schreiben-Gehen dann, die Offenbarung der Stille und ihrer Abtönungen (ja, die Stille ist auch ein Klang), ihrer ureigenen Kraft. Manchmal tauche ich so tief in diesen ozeanischen Bereich ein, dass ich weinen muss. Es sind reinigende Tränen. Wenn wir von Sprache geführt und erschüttert werden, erleben wir Augenblicke, in denen wir uns selbst jenes sprichwörtliche Wasser reichen können, das uns von innen klärt, bearbeitet, wendet und vitalisiert. Sprache ist voller Vitamine. »ich verkoste die Sprache : schmeckt köstlich«, schreibt Friederike Mayröcker, für die das Schreiben »reflektiertes Leben« ist, wie sie es in einem Interview sagt, das sie kurz vor ihrem achtundachtzigsten Lebensjahr gegeben hat. Sie sei beim Schreiben total von der Außenwelt abgeriegelt, »fast high«, »als ob ich mich in tiefes Wasser begebe«.

Das »reflektierte Leben« befreit aus den Fängen der Chronologie. Der Widerschein der Erkenntnis ist der Erzähler einer Welt der Einheit, die in die Sprache zurückgeholt werden kann. Aber darin enthalten ist auch immer die Krümmung der Zeit, und wer weiß, ob wir insgesamt in dieser Zurückgeworfenheit und Rückschau überhaupt altern. Vielleicht schwimmen wir ja einfach nur in den uns zugewiesenen und später schrittweise aufgesplitterten Stunden, die sich im Kreis bewegen. In der Tiefe des Wassers wird die Zeit aufgehoben, und wer sich selbst betrachtet, ist auf die eine oder andere Weise immer den Elementen und ihren mathematischen Gleichungen ausgesetzt. Mal spricht die Verschmelzung, mal die nicht brennende Hitze, die Marina Zwetajewa mit Gott gleichsetzt, jenem unbewegten Beweger und kosmischen Erzähler, der sich weder kapern noch benennen lässt. Das Heilige ist im Schreiben und im Alltagsleben immer dort, wo alle Namen sich verweigern und ein Rätsel das andere ablöst und es somit vermehrt. Eine Beglückung ist es, ein schreibender Zuarbeiter all dieser frei florierenden Geheimnisse zu werden und sich von allen äußeren Erwartungen freizumachen. Warum sollte das Wasser nicht alles erzählen und selbst die erzählende Einheit sein können?

Der Maler Kasimir Malewitsch hat in seinem Bild »Schwarzes Quadrat auf weißem Grund«, dem berühmtesten Werk der russischen Avantgarde, diese ozeanische Dimension in eins geführt, in dem er die Farbe Schwarz auf weißen Grund gesetzt hat, den Anfang und das Ende, die Nacht und den Tag, die einander bedingen. Auch im Element Wasser sind die beiden Pole von Leben und Tod angelegt. Selbst jemand, der Wodka trinkt, pendelt zwischen ihnen, wie das altkirchenslawische Wort »voda« für Wasser zeigt und von dem »vodka«, das Wässerchen, abgeleitet ist. Mein Erzähler verzichtet allerdings auf jegliche Betäubung und setzt sich dem großen Lebenswasser aus, das letztlich auch ein Wodkatrinker sucht. Je mehr er aber trinkt, desto beharrlicher entzieht sich ihm die mystische

Trunkenheit, die Leben spendet und die mein Erzähler in »Das Wasser unserer Träume« über ein Jahr hinweg stoisch meistert, ohne je seinen Körper von der Stelle zu bewegen.

Die vitalisierende Urkraft, die stille, unaussprechliche Wunder wirkt und die meinen Protagonisten in seiner inneren Welt ermächtigt, in sein eigenes Leben und in seine ureigenen Gedanken als einen Geburtsprozess einzutreten, verkommt hingegen beim Wodkatrinker nur zu einem vorläufigen Paradies. Doch die Sprache verweist immer auf den sprechenden Umweg des Trinkenden – so heißen im Englischen die stark alkoholischen Getränke »spirits«, im Französischen wird mit »l'eau de vie« das Lebenswasser bezeichnet und meint die aus Obst und Weintrester destillierten Schnäpse. Und im Deutschen werden verschiedene Obstbrände unter »Spirituosen« geführt. Der Geist aus der Flasche visiert also schon sprachlich eine ganz bestimmte Seite der Wirklichkeit an, eben jenen Umweg, den jeder abhängige Trinker geht, den anstelle der reinen Belebung die dumpfe Betäubung ereilt. Ich weiß genau, wie es ist, mit einem Menschen reden und leben zu müssen, der sich von der Sprache und damit von seiner Umgebung abkoppelt. Mein Vater war ein Trinker, der unbewusst auf diesem Weg das größere Wasser gesucht hat, aus dem wir alle kommen und bestehen. Aber das Wässerchen ist eben nur ein Wässerchen. Das große Gedächtnis hingegen ist ein Bassin voller wundersamer Träume. Wir kennen es aus dem Mutterbauch und durch die Teilhabe, die uns die Abschiede unseres Lebens abverlangen. Unsere Geburt ist schon gleich am Anfang unseres Hier-Seins nicht nur eine Ankunft, sondern auch ein Abschied vom ersten Wasser. Zeitgleich werden wir geboren und sterben ab. Es liegt auf der Hand, dass wir weder das eine noch das andere vermeiden können. Marguerite Duras hat einmal geschrieben, der Alkohol bringe die Einsamkeit zum Schwingen. Trinken heiße zwar nicht zwangsläufig, sterben zu wollen, nein. Mit dem Alkohol zu leben, heiße, mit dem Tod in Reichweite zu leben. Was einen, wenn man süchtig nach Trunkenheit sei, daran hindere, sich umzubringen, sei der Gedanke, dass man, einmal tot, nicht mehr trinken werde. »Es fehlt einem ein Gott«, notiert sie weiter. »Die Leere, die man eines Tages als Heranwachsender entdeckt, lässt sich durch nichts mehr verdrängen. Der Alkohol ist erschaffen worden, damit man die Leere des Universums ertragen kann, die Bewegung der Planeten, ihre unerschütterliche Rotation im Raum, ihre stille Gleichgültigkeit am Ort unseres Schmerzes. Der Mensch, der trinkt, ist ein interplanetarischer Mensch. Er bewegt sich in einem interplanetarischen Raum. Dort lauert er. Der Alkohol tröstet über nichts hinweg, er füllt die psychischen Räume des Individuums nicht aus, er ersetzt das Fehlen Gottes.«

Um das tiefe Wasser lebend zu durchschwimmen, muss der Mensch vom Gedanken an den Suizid Abstand nehmen. Leben heißt auch, dem Tod selbstbewusst den Rücken zu kehren und so in Hingabe an die pralle, leuchtende Existenz das eigentliche Absterben in Form eines fortwährenden Abschiednehmens zu erlernen. Vollzieht man schrittweise diesen allmählichen Tod in der Gegenwart, wie ihn etwa die Mystikerin Teresa von Ávila versteht, das heißt, lebt man vollends in der Gegenwart, kann man im geistigen Sinne aus jenem ersten Wasser ein immerwährendes Leben bauen und in jenen Zustand eintreten, den Dante Alighieri in seiner Göttlichen Komödie mit dem »allerheiligsten Wasser« in Beziehung bringt, wenn es bei ihm heißt: »Neugeboren kehrte ich von dem allerheiligsten Wasser zurück, wie junge Pflanzen sich mit dem jungen Laub verjüngen, rein und bereit, emporzusteigen zu den Sternen.«

Zu den Sternen emporzusteigen als ein Lebewesen, das selbst auf einem Stern lebt – wie geht das? Können das nur inspirierte Dichter? Muss man dafür einen Körper haben? Ein Mann oder eine Frau sein? Ist Imagination weiblich oder männlich? Die Erde leuchtet unser Denken blau an und schwebt in der kosmischen Weite des Universums. Ein schöneres Bild für unser inneres Meer oder inneres Ausland ist für mich kaum vorstellbar. »Wir sind alle Astronauten«, so hat es einmal der visionäre Architekt und das Universalgenie

Richard Buckminster Fuller gesagt. Seine geodätischen Kuppeln orientieren sich daran, wie die Natur selbst baut, in diesem Fall setzt sich ihre besondere Substruktur aus Dreiecken zusammen und wirkt federleicht. Diese sphärisch aussehenden Kuppeln baute Buckminster Fuller als Professor am legendären Black Mountain College auch mit seinen Studenten nach. Der berühmteste von ihnen ist John Cage, der zeitlebens zärtlich über Bucky gesprochen hat, dem er einige Sprünge in seinem Denken und in seinem Werk zu verdanken hat.

Es gibt aber nicht nur eine äußere, mit den Augen zu erfassende, sondern auch eine innere Natur und geistige Sphären und Kuppeln, denen eine Struktur zugrunde liegt, die aus unserem gelebten Leben entsteht. In ihnen ist unser selbstständiges Denken und Sehen abgelegt, ein auratisches Leuchten, das wir mit unseren Erfahrungen erlangen. Das Sehen ist dafür ein gutes Beispiel, es verhilft uns zu einem ersten Augenblick, in dem wir etwas oder jemand ganz neu erschauen oder das schöpferische Werk eines anderen Menschen in uns wirksam werden lassen. »Die Leute sagen«, so Friederike Mayröcker, »mein Werk sei schwierig, ich frage mich, was sie meinen, ich verstehe jeden Satz«. Das Enigma ist für sie keines, da sie es selbst geboren hat. Ihre Blickgeburt ist fortan potenziell auch jedem ihrer Leser zugänglich, wenn er in sich selbst den Zugang zum Geheimnis findet und nun auch bereit ist, am Neuen teilzuhaben. Seamus Heaney verdeutlicht das Entstehen eines neuen poetischen Augenblicks etwa am Beispiel des »Weißdorns«, wie ihn William Wordsworth beschrieben hat, und zwar als Symbol und als Rest einer eigenen Sensibilität, die von einer lebendig gebliebenen »magischen Möglichkeit« herrühre, »auf die natürliche Welt zu reagieren, Phänomene als Zeichen zu lesen, als Vorkommnisse, die der Prophezeiung bedürfen (…) Um den Dorn unvergänglich zu einem berückenden Objekt zu machen, wurden Bilder und Vorstellungen aus verschiedenen Teilen seines bewussten und unbewussten Geistes durch beinah magische Kraft angezogen. In seinem neuen, sturmgepeitschten Aspekt war der Weißdorn ein Kraftfeld geworden«.

Mein namenloser Protagonist in »Das Wasser unserer Träume« bewegt sich in diesem Raum der Kraft, wenn er im Inneren sehen und erkennen kann, dass er nicht nur als ein Einzelwesen existiert, sondern von einem metaphysischen Plural umgeben ist, dessen Magnetfeldlinien ihn umschwingen und an denen er erwachend Anteil hat. Auch sieht er, dass der Mensch die Summe und die Dauer der ihm auferlegten Erfahrungen nicht beschleunigen und also seinem Schicksal nicht entkommen, aber am Erinnerungsatem Anteil haben kann. Deshalb ist beim Schreiben in einigen meiner Romane das Abtragen eines untergründig arbeitenden Palimpsests mein Hauptbestreben. Geschälte Erinnerungen sind wie Früchte, wir können sie betrachten, ohne sie als für alle Zeiten mit unserem Körper verbunden zu sehen. Was bleibt nach der Fruchtschau übrig? Was kann als unsere Biografie bestehen? Was kann uns überhaupt gehören? Wie kann der Körper bei diesem alles ändernden Sehen helfen? Vielleicht am besten, wenn wir verstehen, dass er immer der erste Zeuge alles Erlebten ist. Ein lange schweigender Zeuge hat sich mit der Zeit eine Innenwelt erworben. Die Innenwelt ist ein Meer aus Sprache. Wie können wir das Leiden in uns und in den anderen betrachten und aus dem Kampf gegen das Vorhandene aus- und in das ungerichtete Verstehen eintreten? Diese Fragen haben mich immer dann besonders intensiv beschäftigt, wenn ich Menschen gesehen habe, die sich in meinem nahen Umfeld nur in Form von Gewalt begegnen konnten, und vor allem in jenen Momenten, in denen meine Mutter mich voller Verzweiflung schlug, weil ich ihr, wie sie es sagte, einfach nicht gehorchte. Wie bleibe ich in meinem Ozean ein Schwimmer, wenn die Schläge mich über alle Maße überfordern und noch Stunden danach im Kopf nachsurren? Wie überstehe ich die Gewalt, ohne ihr anheimzufallen – also ohne selbst zurückzuschlagen und ihr in meinem Denken einen Platz zu verschaffen? »Liebet einander so, wie ich euch geliebt habe.« Damals fing ich an über das Wort Jesu nachzudenken. Bis heute ist dieser tief in mich hineinklingende Satz mein Herzensimperativ geblieben, denn ich machte in den Augenblicken größter Not die Erfahrung, dass es parallel zu allem, was geschieht, immer noch den blauen Himmel und einen schönen Wintertag gibt, einen Sonntag, den niemand töten kann. Wie können wir einander lieben, wenn wir kämpfen oder schlagen? Der Schlagende nimmt nicht nur sich, sondern auch dem, den er schlägt, diese große Liebesmöglichkeit. Aber auch ohne tätige Gewalt gibt es einen Kampf, der zwischen Menschen ein zerstörerisches Ausmaß annehmen kann. Susan Sontag schreibt einmal, für den Kämpfenden sei Identität alles. Sich krampfhaft die eigene Jugendlichkeit bewahren zu wollen und gegen das Alter (wie einen Feind im Außen) mit chirurgischen Eingriffen zu kämpfen, ist eine solche Identität, die, ähnlich wie der merkwürdige Überkonsum von Parfüm, typisch ist für unsere in Selbstoptimierungen schwelgende Zeit, die zwischen Kopie und Leben nicht zu unterscheiden vermag.

Ich kannte einmal eine Frau, die, wie ich zu meinem großen Schrecken nach nahezu zwei Jahrzehnten Freundschaft begriffen habe, nach ihrem fünfzigsten Lebensjahr immerfort Gesichtsoperationen vornehmen hatte lassen. Ich war ihr im Alter von vierundzwanzig Jahren begegnet. Ein Altersunterschied, wie ich heute weiß, von ungefähr dreißig Jahren lag zwischen uns, aber ich wusste es nie so genau. Wie ich jetzt vermute, kämpfte sie damals schon beharrlich gegen das Altern ihres eigenen Gesichts. Erst vor Kurzem, als ich Fotos aus den unterschiedlichen Zeiten unserer Freundschaft hervorholte und sie miteinander abglich, habe ich verstanden, dass ich ihr wahres Gesicht nie gesehen habe. Ich sah nun aus der Distanz heraus sofort, dass ihr Gesicht vollständig durch Operationen verändert, also wie ein Bild regelrecht mit der Zeit umgemalt worden war. Kann man einen Menschen kennen, der einem über zwei Jahrzehnte hinweg nicht sein Gesicht zeigt, fragte ich mich – und: verändert nicht jeder seinen Ausdruck, der sich schminkt oder auch nur eine bestimmte Farbe bevorzugt? Aber so tief der Schreck auch war, dieses jeglicher Natur beraubte Gesicht nun erkannt – ja, ich fand auch: entlarvt – zu haben, so groß war auch das Entsetzen über mich selbst. Wie war es mir nur möglich gewesen, einem derart gelähmten Gesicht über einen so langen Zeitraum gleichsam zu erliegen und nie an seiner Echtheit zu zweifeln?

Vielleicht war diese Frage eine Art erstes Erwachen in mir selbst, eine Entzündung, peinigend und aufreibend in einem, die mir gleichsam von allein alle Falschheiten und Verbiegungen in mir selbst aufzeigte. Der andere Mensch ist immer nur ein Spiegel. Kein dummer Spiegel. Er spiegelt nicht alles eins zu eins. Seine Arbeit sind die Kerben und Versprenkelungen, das eben, was man selbst nicht auf Anhieb sieht. Fragen sind für mich daraus entstanden, Fragen nach Gehorsam und Autorität in mir: Warum habe ich einem fremden Gesicht geglaubt und nicht meinen Impulsen? Denn jetzt, aus der Rückschau betrachtet, konnte ich durchaus fündig werden und mich sehr genau an die Momente erinnern, in denen mich die Perfektion dieses Gesichtes verstört hatte. Ich erinnere mich beispielsweise daran, dass mir die Wangen und die Nase und die Stirn dieser Frau immer so perfekt hergerichtet und ja, gemalt, vorkamen. Merkwürdigerweise folgte ich damals nicht dieser Fährte des Unwohlseins, sondern übersprang sie regelrecht wie einen gefährlichen Abgrund mit lautstarken Sympathiebekundungen. Man muss sich selbst immer misstrauen, wenn man zu laut und zu viel redet. Aber damals habe ich das nicht gewusst. Ich muss mich immer noch daran erinnern, dass ich es jetzt weiß. Auch war es noch nicht alltäglich, dass jede zweite Schauspielerin ihr Gesicht unter das Messer legte oder das Nervengift Botox gebrauchte, das sich heute schon vierzehnjährige Mädchen spritzen lassen, um, wie sie es sagen, Falten vorzubeugen. Die lästigen kleinen Erkenntnisse über das perfekte Gesicht meiner Freundin, die mich zum Sprechen bewegen wollten, drängte ich immer zur Seite. Das zurechtgemachte Gesicht stellte ich nie offen infrage. Warum? Lag es daran, dass mir das Widersprechen in Kindheit und Jugend verboten wurde und Schläge die Konsequenz für jedes selbstermächtigte Sprechen waren? Dass ich immer nur mit alten Menschen zusammen gewesen war? Dass mein Großvater und meine Großmutter die Rolle der Eltern übernommen hatten und damit mein Verhältnis zu Alter und Zeit für immer gesetzt war? Dass ich nie wusste, was die Gesichter meiner leiblichen Eltern mir sagten, vor allem dann nicht, wenn sie zunächst freundlich wirkten? An ihnen habe ich sehr früh gefühlt, wenn auch nicht in der Zeit des Zusammenlebens vollständig begriffen, wie erschreckend emotionale Kippfiguren sind. Denn der Freundlichkeit lag in entscheidenden Momenten eine konkrete Absicht zugrunde und war dadurch für mich abgründig. Das war traurig, aber ich vertraute den lächelnden Gesichtern immer von Neuem, bis ich enttäuscht sah, dass wieder ein genauer Plan hinter einem Lächeln steckte, dem prompt eine Forderung folgte.

Diese Manipulationsstrategien, die wir mit den ersten Menschen unseres Lebens zu spüren bekommen, verbiegen unseren freien Blick, sie unterwandern unsere selbstlose Freundlichkeit und legen sich als Schatten auf unsere Augen. Diese Schatten bestimmen unser Sehen und sprechen bei jeder neuen Begegnung in unsere Beziehungen hinein. Wir sehen als Erwachsene noch oft mit den Vater-Mutter-Augen und schaffen es nicht, den Sprung in die Ruhe unseres eigenen Blicks zu wagen. Stattdessen richten wir uns in einem äußeren

Blick ein, der uns am Ende aus unserem Jetztpunkt und seinen Möglichkeiten entfernt. Der Blick nach innen kann aber auch vulkanisch heiß sein und uns oft genug verbrennen. Wir wissen das. Wir haben Angst vor der umkrempelnden Wirkung des inneren Blicks. Wir scheuen das Feuer, das uns unterrichtet. Stoßen wir aber einmal vor zu unseren eigenen Verbiegungen, sehen wir diese fortan auch in allen Abfärbungen in den anderen Menschen. Der so verstrebten Welt kann man nicht begegnen, ohne vom radikal inwendigen Blick bereits herausgefordert und wieder im Sehen aufgerichtet worden zu sein. Auch kann man dann erst gütig sein und einen anderen Menschen verstehen, ohne ihn bloßstellen zu müssen. Genau sehen lernen, das heißt auch leben zu lernen.

Das innere Sehen ist ein kompromissloses geistiges Sehen, das auch der blinde französische Schriftsteller, Hochschullehrer und Widerstandskämpfer Jacques Lusseyran immer wieder in seinen Texten zu fassen versucht hat. Die körperlichen Augen ersparten uns nichts, sagt er, und notiert weiter: »Sie zeigen uns jeden Menschen mit vier Gliedmaßen, einem Rumpf und einem Kopf. Meine Augen dagegen machen Sprünge. Meinen Freund zum Beispiel, den Maler Jean Hélion, sehe ich fast nie vollständig. Ich sehe seine schönen Bauernhände und einen anderen Teil von ihm, der sehr hoch, oberhalb des Körpers, gerade über dem Kopf angeordnet ist. Ich sehe ihn mit einer Mütze aus Licht.« Das einzige Gebrechen, das er kenne, sei nicht die Blindheit, die Taubheit und nicht die Lähmung – so hart sie auch sein mögen –, sondern die Ablehnung der Blindheit, der Taubheit oder Lähmung. Das Gleiche lässt sich über das Alter sagen, wenn wir es in der Kategorie eines Gebrechens denken. In meinem dalmatinischen Dorf galten die ganz alten Menschen als fast ein bisschen heilig. Niemand kam auf den Gedanken, ihr Alter als störend zu empfinden. Intuitiv erfassten die Menschen das Leben als Einheit. Wenn wir selbst anfangen, im Trennenden zu denken, machen wir uns durch unsere eigene Verdinglichung zum Kapital einer gnadenlos gewordenen Welt, die zielgerichtet Ängste produziert und sie dann zum eigenen, gewinnbringenden Vorteil in einen fiktiven Wert ummünzt – ein endloser Prozess geistiger Versklavung, der am Ende auch den Körper in psychische Gefangenschaft bringt. Diese Lüge, in die die Ängstlichen getrieben werden, hat aber noch einen anderen Aspekt. Sie ist nicht nur Wahrheit für den, der sich selbst auf diese Weise betrügt (und es vielleicht nicht einmal selbst weiß), sondern auch für den, der sich nicht aufbäumt und die Lüge mitspielt, sie so als Wirklichkeit akzeptiert oder auch nur widerwillig hinnimmt und zwar vor allem in sich selbst. Wer aber die Lügen der anderen sieht, sieht auch die eigenen Lügen, die, genauso wie die Wahrheit, gespiegelt und übertragen werden. In einer Welt, in der das Original mit Scham behaftet ist und das bloße Bild zum vorzeigbaren und von allen mitgetragenen – also einem inszenierten – Leben geworden ist, zu einer perfekten Version unserer vom Sprechen abgehaltenen Körper, ist das natürliche Älterwerden noch die letzte Bastion der Verletzlichen und Verwundbaren, die die Kraft haben, das hinzunehmen, was in ihnen Natur bleiben darf. Wie wohltuend ist es deshalb, wenn Wim Wenders zu Pina Bausch sagen kann: »Nichts an Dir ist Fake.«

Ist der Körper sein eigener Erzähler, braucht es keiner Anstrengung und Dressur. Er muss keinem Ideal folgen. Wir sind aufgefordert, ihm dann zuzuhören. Und ihn nicht wieder so zu verbiegen, wie man uns verbogen hat. Möglicherweise kann man erst dann, wie es bei Susan Sontag einmal über den Schreibprozess heißt, »auch die Person … sein, die man nicht sein möchte (von all den Personen, die man ist) (…)«. Ich möchte meine Achillesferse behalten. Der Schmerz ist ein präziser Lehrer, der eine Grenze sichtbar macht. Denn das Vorhandene verschwindet nicht, wenn wir es übermalen, auch wenn die Verlockung da ist. Wenn wir die Fähigkeit erlangen, diese inneren Prozesse genauer zu sehen, dann kann auch für unseren Blick das Wahrheit werden, was John Cage in seinem Buch »Empty Mind« mit der Klarheit des Wassers in Verbindung bringt: »Ich will, dass jeder meiner Sätze so klar und durchsichtig ist wie Wasser, so dass meine Person dem Mitzuteilenden in keiner Weise im Wege steht.« Im Leben wie im Schreiben erfahre ich, dass der Umweg immer vitalisiert und klärt, er ist ein Reise-Wasser, das uns absichtslos macht. In Absichtslosigkeit entsteht ein ganz eigener poetischer Raum, auf den auch die amerikanische Lyrikerin Kim Dower in ihrem Gedicht »He said I wrote about death« anspielt: »I did not mean to write about death, | but rather how when something dies | we remember who we love, and we | die a little too, we who are still breathing, | we who still have the energy to survive.«

So wie etwas auch in uns, die wir noch atmen, beim Tod eines anderen Lebewesens, abstirbt, schaltet sich auch etwas in uns ab, wenn wir einem zurechtoperierten, einem perfekt zurechtgelegten Gesicht begegnen. Es zieht sich auch in unserem eigenen Gesicht etwas dem Leben Zugewandtes zurück, bis wir begreifen, warum wir so paralysiert sind. Wenn die Falschheit des unnatürlichen Ausdrucks erkannt ist, kehrt irgendwann ein größeres Gefühlsleben zurück. Mich selbst beschlich bei diesem Weg zurück zur Wahrheit ein kühles Entsetzen, als ich einmal im Hinterland von Dalmatien in einem von allen Serben gesäuberten Dorf eine kleine Puppe fand, der ein Auge fehlte. Diese Einhöhlung im Puppengesicht erweckte bei einem bestimmten Lichteinfall den Eindruck, mit einem Messer ausgeschnitten worden zu sein. Sie erinnerte mich an die furchteinflößenden, entstellten Puppen von Hans Bellmer, die keinerlei Verwandlung zulassen und nur in ihrer unauslöschlichen Deformation verharren. Später erfuhr ich, dass genau auf diesem Hof eine mehrköpfige Familie mit drei kleinen Kindern massakriert worden war. Emotional war ich viel tiefer von der Gewalt erschüttert, die der Puppe widerfahren war. Erst nach einiger Zeit begriff ich das Ausmaß des eigentlichen Verbrechens, das Teil der Luft an diesem Ort geworden war. Die Puppe bildete für mich eine Art Brücke zum langsam einsetzenden Erkennen, was in jenem Dorf wirklich stattgefunden hatte. Ich nahm mir Zeit und recherchierte im Internet darüber und befragte die Leute im Dorf. Die Puppe, die als Erste meinem Blick begegnet war, versammelte alle Gewaltenergien in sich. Dennoch ist all das eine nachträgliche Referenz, die sich aus den Erzählungen mir fremder Menschen zusammensetzt. Ich werde nie erfahren, was dort genau geschehen ist. Aber die Lücke, das entstellte Gesicht der Puppe, enthüllte mir von Anfang an etwas von den Vorkommnissen im Krieg und den Echoräumen der schrecklichen Wahrheit, die immer noch über diesem Dorf schwebt. Niemand hatte diese Wahrheit zu verstecken versucht, niemand hatte sich um das Gesicht einer Puppe gekümmert, das mir zum Botschafter einer vom Krieg und Hass zerstörten Welt wurde. Und so frage ich mich nun, was wohl jenen Frauen widerfahren ist, die aus freien Stücken mitten im Frieden mit einem Skalpell ihr eigenes Gesicht in eine ausdruckslose unempfindliche Wüste verwandeln lassen, dem ein in Puder erstickendes Schlachtfeld folgt, auf dem kein Gefühl, keine wahre Regung mehr sichtbar werden kann. Das so eingesetzte Skalpell ist ein Handlanger der Lüge. Ein Adjutant der Selbstauslöschung. Ein Gehilfe des nimmersatten Kapitals.

Jeder von uns kennt flimmernde Momente der Versuchung, in denen wir einen Schmerz oder etwas, das uns nicht an uns gefällt, vor den anderen Menschen verstecken wollen. Im Laufe des Lebens bilden wir mit unseren Gedanken ein Glaubenssystem aus, mit den uns geschenkten Jahren erdenken wir uns allmählich eine ganz eigene innere Landkarte. Alter und Jugend stehen sich oft gegnerisch in ihr gegenüber. Manchmal stelle ich mir vor, dass diese unsichtbare Landkarte eine Art beweglicher energetischer Kreis ist und wie die Lichter unsere Städte in die Weiten des Universums hinausleuchtet, mit allem, was wir in uns tragen, mit allem auch, was wir selbst nicht sehen. Für die Sterne sind wir eine leicht einsehbare Lektüre. Sie lesen uns, während wir sie betrachten. Diese stille seelische Topografie reicht weit. Wie bereits am Anfang des Lebens, können wir gerade im Älterwerden genauer aus unserem Weltinnenraum auf die uns umgebende Welt sehen. Für den äußeren, uns selbst streng richtenden Blick aber gilt das Gleiche, was Simone Weil über die Gewalt gesagt hat: »Die Gewalt macht jeden, der sie erleidet, zum Ding. Wird sie bis zur letzten Konsequenz ausgeübt, macht sie den Menschen im wortwörtlichsten Sinne zum Ding, sie macht ihn zum Leichnam. Da war jemand und mit einem Mal ist da niemand.«

Wenn ich an die Nöte meiner eigenen Jugend zurückdenke, erscheint es mir sehr rätselhaft, dass so viele Menschen unserer Zeit krampfhaft nur jung sein wollen. Ich erinnere mich nur zu gut daran, wie viel ich damals gelitten und dass ich gegen die Entwicklung meines eigenen Körpers heftig aufbegehrt habe. Im Grunde habe ich sein Schweigen, seine Verdinglichung gewünscht, um mich in mir selbst vor den Augen der anderen verstecken zu können. Nach der erschütternden Entdeckung, dass ich ein Mädchen war und sich daran nichts ändern lassen würde, schlug das Schicksal ein paar Jahre später noch einmal gnadenlos zu, als ich einen Busen bekam. Wie um Himmels willen war das wieder rückgängig zu machen? Das fragte ich in wilder Entschlossenheit meine Mutter. Ich war bereit, alles zu tun, was nötig war, um diesen lästigen Prozess aufzuhalten. Ich hatte zwar schon den einen oder anderen Busen und natürlich viele schöne Frauen im Süden Europas gesehen, schließlich bin ich am Mediterran zur Welt gekommen, aber ich bezog die körperliche Welt der anderen nie auf mich selbst. Es war, als lebten die anderen ein vollkommen von mir getrenntes und anders gemeintes Leben. Und ich erinnere mich auch daran, dass ich bis zu meinem zwanzigsten Lebensjahr immer das Gefühl hatte, mit geschlossenen Augen und in einer Art Gebet etwas von dem hellen Licht der Sommermonate und der Leichtigkeit der Augusttage in meinen Körper zurückrufen zu müssen, damit ich ihn spürte und einverstanden war, dass er da war, dieser lästige, alles spiegelnde Gefährte. Es war eine Beschwörung der Wärme, die später mit den guten Liebesgeschichten immer wieder als Sehnsucht meiner Haut bei mir anklopfte. Niemand hatte mich aufgeklärt, und der Busen brachte eine dieser seltenen Gelegenheiten mit sich, in denen ich bereit war, meine Mutter an meinem Kummer teilhaben zu lassen. Es war schrecklich zu erkennen, dass die Natur einen geheimen Plan in meinem Körper abgelegt hatte und dass ich diesen Plan nicht aus der Welt schaffen, sondern mich ihm nur ergeben konnte. In meinem Erleben war das eine nahezu militärische Niederlage. Die Begrenzung meines Willens ging wieder einher mit einer Erzählung meines Körpers, die ich nicht steuern konnte. Alles entfaltete sich von alleine und setzte mich diesem selbsttätig in mir lebenden Rätsel aus. Die Einlösung dieses inneren Archivs, alles mit den Jahren des Wachstums und des Werdens Erlernte, kann uns dann aber doch wieder genommen werden. Der Körper und sein eigener Verstand, der Körper und seine Krankheiten – alles ist Durchgang an ihm und noch immer wissen wir so wenig über sein Königreich. Das Hören kann wieder verloren gehen. Das Riechen. Das Tasten. Das Sehen. Der Körper ist und bleibt eine Maßregelung für den Menschen. Ein eigenes Maß, das uns die dahintersteckende Regel – das Warum? – nicht verrät. Die Natur ist nicht zuständig für Gedankenkonstruktionen. Mit überraschenden Überfällen und Ausfällen hingegen geizt sie nicht. Sich ihr zu ergeben, nimmt uns unseren Willen, gibt uns aber die heilsame Kraft der Gegenwart zurück. Begegnen wir dabei in einem solchen Moment der Güte der anderen, sind wir wieder Menschen. Obwohl wir über den menschlichen Körper viel wissen, scheint sich uns dieses Wissen doch immer genau dann zu entziehen, wenn wir uns seiner zu gewiss werden. Immerzu handeln wir mit unserem Körper. Er steht uns pausenlos zur Verfügung, aber dennoch hört er nie auf, unsere ureigene terra incognita zu sein. Manchmal erwacht etwas in ihm, so als würde auch in ihm jene uralte, seltsame solare Aktivität wirksam sein, die Wissenschaftler im Holz uralter Bäume gefunden haben, Hinterlassenschaften mysteriöser Sonnenereignisse, auf die möglicherweise auch Marina Abramović anspielt, wenn sie sagt, der Körper sei »ein Spiegel des Kosmos«. Eine kleine planetarische Durchgangsstation, so alt und so geheimnisvoll wie die Erde. Ein Baumverwandter auf Füßen. Eine Zeitlupe, die ihr eigenes Denken ist. Eine Taschenlampe, die sich selbst den Weg freileuchtet, während sie ihre eigene Fremdheit erkundet. Und der Tod des Körpers ist unsere letzte Grenze, ein uneinnehmbares Terrain, auf das, selbst wenn wir es uns vornähmen, wir uns nie wirklich vorbereiten können. Friederike Mayröcker hat einmal die Sehnsucht formuliert, an die zweihundert Jahre alt zu werden. Sie verwies darauf, dass manche Pflanzen so alt werden. Man brauche viel Zeit, sagte sie: »Ich würde das Leben aufteilen«, heißt es weiter bei ihr, »in einem Leben würde ich nur lesen, in einem nur schreiben und in einem nur reisen. Dann brauche ich noch eines, um mehrere Sprachen zu erlernen. Vielleicht wird man das in ein paar hundert Jahren können, vielleicht werden die Menschen sogar unsterblich. Das würde ich mir wünschen. Man könnte sich alles so schön einteilen.« Bis wir uns aber alles so schön einteilen können, müssen wir uns damit abfinden, den Erzählungen unseres physischen Körpers weiterhin ausgesetzt zu sein und an jenem anderen Körper der Vorstellungskraft arbeiten, der uns einen anderen Blick, eine andere Ausdauer ermöglicht – zu der auch gehört, das Gegebene hinzunehmen. Im Vertrauen auf sich und auf andere Menschen, können wir Augenblicke als ewige Einsprengsel erkennen, die uns über die Hindernisse geistig hinauswachsen lassen. Wie wird man ein solcher Spiegel, aus dem das Ewige und das Unvergängliche sprechen können? Marina Abramović hat diese Spiegelfrage zur Lebensfrage gemacht. Vor ungefähr dreißig Jahren wäre sie beinahe während einer ihrer Performances gestorben, weil sie von den Besuchern im Museum mit Messern und verschiedenen anderen gefährlichen Gegenständen malträtiert wurde. Kürzlich hat sie diesen gleichermaßen inneren wie äußeren Raum mit Vertrauen und Verletzlichkeit in Berührung gebracht: »Ich habe einen Raum geschaffen, in dem Vertrauen entsteht, weil ich mich verletzlich gezeigt habe. Deshalb können sich die Besucher öffnen gegenüber ihrer eigenen Verwundbarkeit. Ich bin der Spiegel, in dem sie sich sehen. Der Künstler braucht dazu eine energetische Aura. Ein älterer Kritiker hat einmal gesagt: ›Ich hasse euch Künstler, ihr bringt mich zum Weinen.‹« Und obwohl sie selbst in Interviews freimütig erzählt, ihr äußeres Erscheinungsbild durch ästhetische Chirurgie verändert zu haben, verfügt sie selbst über eine starke Kraft. Sie wirkt auf uns alles andere als verängstigt. Wäre das auch der Fall, wenn sie ihren Körper hätte altern lassen, wie er seinem inneren Archiv entsprach? Ich weiß es nicht. Jedenfalls belügt sie uns nicht, verliert keine Kraft an die Lüge, denn wir kennen ihren Körper nur als performative Materie, nur so, wie sie ihn uns als Kunstwerk zeigt – in dieser Hinsicht ist Abramović ehrlich, wenn sie ihn uns als von ihr bearbeiteten Spiegel anbietet. Dennoch frage ich mich, was mit dem Spiegel selbst passiert und wohin der Spiegel geht, wenn die Liebe der anderen Menschen schläft und er nicht von ihr gewärmt wird.

Außerdem spiegelt am Ende das Alter selbst eine viel überzeugendere Sprache, weil es zum Spiegel des ureigenen gelebten Lebens geworden ist. Die Sprache wird jetzt nicht mehr von außen gelebt, sondern von innen beatmet – »und plötzlich«, wie Rilke seiner Frau nach dem Besuch der Cézanne-Retrospektive schreibt, »hat man die richtigen Augen«. Niemand kann zeitgleich hassen und schauen. Wer schaut, ist schon jenseits des Hasses und vertraut sich einer eigenen Sprache an. Dafür brauchen wir keine chirurgischen Eingriffe und keine gusseisernen Begriffe und keinerlei geeichte Identitäten, sondern eine mutige und im eigenen Geist geschärfte Verankerung im Leben selbst. Denn wir sind immer noch sterblich. Trotzdem bleibt jeder von uns auch eine »halboffene Tür«, wie es bei Tomas Tranströmer in einem seiner Gedichte heißt, »(…) eine halboffene Tür/, die in ein Zimmer für alle führt«.

Literatur:

Marina Abramović, *Durch Mauern gehen. Autobiographie.* Aus dem Englischen von Charlotte Breuer und Norbert Möllemann, München 2016

– *The artist is present.* Dokumentarfilm. Regie: Matthew Akers. MarinaFilm 2012.

Etel Adnan, *Gespräche mit meiner Seele*. Hrsg. und aus dem Englischen übertragen von Klaudia Ruschkowski, Hamburg 2015
– *Von Frauen und Städten*. Aus dem Englischen übertragen und mit einem Nachwort von Klaudia Ruschkowski, Hamburg 2004
Dante Alighieri, *Göttliche Komödie*. Übersetzt von Hartmut Köhler, Stuttgart 2011.
John Cage, *Empty Mind*. Deutsch von Klaus Reichert u. a., Berlin 2012.
Franz Dornseiff, *Die griechischen Wörter im Deutschen*, Berlin 1950.
Marguerite Duras, *Das tägliche Leben*. Aus dem Französischen von Ilma Rakusa, Frankfurt a. M. 1988.
Paula Fox, *In fremden Kleidern. Geschichte einer Jugend*. Deutsch von Susanne Röckel, München 2005.
Seamus Heaney, *Die Herrschaft der Sprache. Essays und Vorlesungen*, München 1992.
Jacques Lusseyran, *Das Leben beginnt heute*. Aus dem Französischen v. Uta Schmalzriedt, Stuttgart 1990.
– *Das wiedergefundene Licht*. Aus dem Französischen v. Uta Schmalzriedt, Berlin 1986.
Friederike Mayröcker, *Requiem für Ernst Jandl*, Frankfurt a. M. 2001.
– *Und ich schüttelte einen Liebling*, Frankfurt a. M. 2005.
– *Pathos und Schwalbe*, Berlin 2018.
– »Die Welt ist so reich. Interview zum 80. Geburtstag der großen Wiener Dichterin. Ein Gespräch über die Unbegreiflichkeit des Lebens«, 16. Dezember 2004, *ZEIT*, Ausgabe Nr. 52.
– »›Ich bin erst mit Mitte 70 ein wirklicher Mensch geworden.‹ Seit ihr Mann Ernst Jandl gestorben ist, lebt die Schriftstellerin Friederike Mayröcker nur noch in der Welt ihrer Texte.« Ein Gespräch mit To-

bias Haberl übers Weitermachen, *SZ-Magazin* 37/2012.

Susan Sontag, *Das Leiden anderer betrachten.* Aus dem Englischen von Reinhard Kaiser, Frankfurt a. M. 2008.

– *Wiedergeboren.* Tagebücher 1947–1963. Aus dem Englischen von Kathrin Razum, München 2010.

Tomas Tranströmer, *Sämtliche Gedichte.* Aus dem Schwedischen von Hans Grössl, München 1997.

Wim Wenders, »Festrede zum Frankfurter Goethepreis 2008 an Pina Bausch«, in: *Sinn und Form*, Nov. / Dez. 2009, Heft Nr. 6.

– anlässlich der Trauerfeier für Pina Bausch, Frankfurt a. M. 2008.

Isang Yun, in: *Musik Fest Berlin 2017*, S. 86, dort zitiert nach: »Ssi-ol«. *Almanach 1998/99 der Internationalen Yun-Gesellschaft*, Berlin 1999.

Marina Zwetajewa, *In Feuer geschrieben. Ein Leben in Briefen.* Hrsg. und aus dem Russischen übersetzt von Ilma Rakusa, Frankfurt a. M. 1996.

Kunst, Freundschaft, Liebe – gewählte Familien

Die seelische Geometrie der Sinne erlangt in jenem Augenblick ihre Wirksamkeit, in dem uns ein im eigenen Leben erworbenes Sehen ins Verstehen führt. In diesem inneren Ereignis, bei dem uns unsere Lebensthemen mit einem Mal bewusst werden, erkennen wir uns selbst in Sekundenschnelle. Etwas verschiebt sich in diesen Augenblicken in unserem Leben, der Körper wird vielleicht krank, jemand stirbt, wir sind allein oder werden es. Die unsichtbare Dimension des Lebensspiels macht auf sich aufmerksam, schreibt sich ein, neue Forderungen stehen in unserem erschütterten Denk- und Herzraum, der nur kurze Zeit zuvor so sicher abgesteckt zu sein schien. »Unter dem Gesichtspunkt (eines) geistigen Werdegangs«, so eine Formulierung von Imre Kertész, leitet dieses gewendete Sehen uns in einen urteilsfreien Zustand. Das Auge hinter dem Auge fängt an zu sehen. Es sieht uns an. Und alle Masken fallen.

Da ich selbst von Kindheit an keine feste Familie hatte, zu der ich schicksalhaft und für immer zu gehören schien, formte sich in mir gleichsam von allein ein Blick, der alles, was sich ihm zeigte, als Gemeinschaft wahrnahm, die Dinge, die Natur, die Menschen. Wenn man allein ist, sieht man die anderen, die nicht allein sind, genauer. Ich glaube, dass ich am Ende daraus einen Beruf gemacht habe. Die innere und die äußere Blickrichtung verläuft so lange zeitgleich, bis sie sich – wie zwei Parallelen in der projektiven Geometrie – schließlich an einem unendlich fernen Punkt berühren. Für den ungerichtet sehenden Menschen ist in meiner Vorstellung dieses »Unendliche« die innere Landkarte eines jeden Einzelnen. Sie ist es, die zum einen unseren frei gewählten Familien zuarbeitet, jenen also, die wir real von Beginn an mit dem Körper berühren können, aber uns auch zu jenen Menschen führt, die uns als geistige Verwandtschaft nahe sind oder es werden. Mit den Jahren schult uns dieses Sehen immer genauer, wir erhalten die Gelegenheit, Leser unserer selbst zu werden. Wenn das innere und das äußere Sehen in eins fallen, werden sie eine geistige Handlung. Wir sind dann im Einklang mit uns selbst. Die Stimme stimmt, wenn wir sprechen. Gedanken tun nicht mehr weh, sondern führen zu Erkenntnissen, die uns verändern können.

Diese Augenblicke des Berührtseins zeigen, dass wir uns stets in einem Raum der Selbstwerdung bewegen und immer in der Welt sind, also nicht aus ihr herausfallen können, vor allem dann nicht, wenn wir gezwungen sind, uns den Schnittmengen beider Blickrichtungen zu stellen. Wir drehen uns wie ein Derwisch so lange um uns selbst, bis wir begreifen, dass wir es sind, die den Tanz und die Bewegung initiieren. Jalaludin Rumi, einer der bedeutendsten Meister des Sufismus, der mystischen Lehre des Islam, und einer der größten persischen Dichter, hat das in einem seiner Gedichte so auf den Punkt gebracht: »Du magst wie das Abbild erscheinen: / Tatsächlich bist du das Urbild./ Der Ast könnte wie der Grund der Frucht erscheinen: / In Wahrheit existiert er nur um ihretwillen. / Hätte der Gärtner überhaupt den Baum gepflanzt/ Ohne das hoffende Verlangen nach der Frucht? / So geht der Baum tatsächlich aus der Frucht hervor, / Selbst wenn es scheinen mag, dass er die Frucht gebiert.«

Der mystisch sehende Blick ist im Sinne dieses auf einer inneren Bühne stattfindenden Tanzes immer auch ein erschaffender, schöpferischer Blick. Er führt uns zu den Menschen, Büchern, Ländern und geistigen Familien, mit denen wir seelisch durch eine fein justierte Geometrie verbunden sind. Wir kennen sie vielleicht noch nicht, wenn wir uns auf dem Weg in ein Land, zu einem Menschen oder zu einer Idee machen, aber, wie in der Kunst und allem Schöpferischen, ist auch im Leben die Absichtslosigkeit eine wichtige Mitspielerin. Denn sie kennt uns in dem Sinne, in dem Tomas Tranströmer einmal sagte, dass die Erinnerungen uns sehen, nicht umgekehrt. »Mein Leben«, schreibt er. »Wenn ich diese Worte denke, sehe ich einen Lichtstreifen vor mir. Bei näherer Betrachtung hat der Lichtstreifen die Form eines Kometen, mit Kopf und Schweif. Das lichtstärkste Ende, der Kopf, sind die Kindheit und das Heranwachsen. Der Kern, sein dichtester Teil, ist die sehr frühe Kindheit, wo die wichtigsten Züge in unserem Leben festgelegt werden. Ich versuche, mich zu erinnern, versuche, dahin vorzudringen. Aber es ist schwer, sich in diesen verdichteten Bezirken zu bewegen, es ist gefährlich, ein Gefühl, als käme ich dem Tode nahe. Weiter hinten verdünnt sich der Komet – das ist der längere Teil, der Schweif. Er wird immer spärlicher, aber auch breiter. Ich bin jetzt weit im Kometenschweif drinnen, ich bin sechzig Jahre alt, da ich dies schreibe.«

Aber selbst das, was wir erkennend sehen, kann immer nur ein Ausschnitt sein, ein kleiner Funke in einem viel größeren Beziehungsgeflecht, das sich mit jedem neuen Schritt, den wir auf einen anderen Menschen zugehen, vervollständigt. Der Komet ist auf seiner Reise nicht aufzuhalten. Er verändert sich, wenn sich unser Bewusstsein verwandelt. Und er ist immer im Gespräch mit den anderen Kometen. Was wir tun können, ist ihm zuzusehen und aus seiner Form und von seinen Bewegungen zu lernen. Wir leben nicht, weil wir das Leben erschaffen haben, sondern weil wir vom Leben erschaffen worden sind. Und wir leben, weil das Leben uns sieht. »Die Dinge, die ich sehe, sehen mich ebenso wohl wie ich sie sehe«, heißt es einmal über die Traumwahrnehmung bei Walter Benjamin. Die Blickrichtung und der Blickende geben dem Sprachfluss einen eigenen Klang; wir werden gewendet und zu anderer, uns noch unbekannter Gefährtenschaft befähigt. Wo genau ist aber der Ort, die Bleibe dafür? In der inner-seelischen Unendlichkeit des Einzelnen. In jenem weit ins Nichts gestreckten Raum, der uns wie ein uralter Wind auch in unseren Träumen anweht, ein Wind, der uns kennt, aber der uns nie alles über uns erzählt, weil das Selbst solange schweigen muss, bis wir das selbstlose Hören erlernen. Zeugenschaft können wir nur in der Stille, im sanften Leisesein geschenkt bekommen. Ein sprechender Zeuge sieht nicht so genau, wie es ein schweigender vermag. Wer redet, hört den Plural in seiner Luft nicht, obwohl er, aus der Vogelperspektive betrachtet, immerzu von ihm umgeben ist. Die Worte sind trügerisch. Sie reiten manchmal auf Pferden davon. Und das Ich hat Lust an den Reitern. Und ist immer darauf aus, es den Pferden gleichzutun. Im Selbst aber, das eine Reise ist und die stille Ergebenheit des Pilgers voraussetzt, ist das Schweigen das eigentliche Auge, das überzeitlich sehen kann – dort sind die nährenden Worte, die aus der Langsamkeit heraus geboren werden. »Die großen Werke kennen wir von alters her«, heißt es über diesen geistigen Zustand einmal bei Imre Kertész, »aus unseren Träumen, gewissermaßen vor unserem Leben, vor unserer Geburt; und wenn wir sie zum ersten Mal sehen – hören – lesen, ist es nur ein Wiedererkennen.«

Der Verstand allein kann dieses von Kertész beschriebene Wiedererkennen nicht meistern, er ist – und das ist seine Arbeit – Chronologien verpflichtet. Am Ende ist nur die geistige Erfahrung von Bestand, das bloß erlernte Wissen löst sich im großen Gedächtnis auf. Die ureigene Erfahrung ist es, die uns auf fruchtbare Weise in die inneren Zeitläufte einschleust, dauerhaft mit dem Intellekt und anderen uns aus der Luft zuarbeitenden Dimensionen des Seins verbindet. Denken und Wissen sind nur dann wirklich vollzogen, wenn wir sie tatsächlich in uns selbst und am eigenen Leib erspürt haben. Jenes Wiedererkennen, von dem Imre Kertész spricht, ist die eigentliche erzieherische Instanz, der nur flüchtig fassbare Ort, an dem innen und außen einander berühren – und an dem der Traum in den Raum fällt und wahrhaftige Erkenntnis möglich wird. Nicht nur erfassen wir uns sprachlich selbst in diesem Raum, wir sind auch gewappnet, simulierte Erkenntnis zu enttarnen, die sich uns als Wahrheit präsentiert. Ein Simulacron kann uns nicht mehr verführen oder täuschen, nicht mehr hinters Licht führen, wenn wir in uns selbst die Lüge und ihre vielen Maskenspiele durchschritten, also durchgearbeitet und im besten Sinne gesehen haben. Unser Erkenntnisvermögen ist dann mit der Fähigkeit gekoppelt, Simulation und Wirklichkeit voneinander unterscheiden zu können. Eine Gruppe mit einer fest strukturierten Identität will aber naturgemäß solche Differenzierungen nicht stark machen, denn es liegt in ihrem Interesse, dass alle ihre Mitglieder gleich funktionieren. Nur so lässt sich die Gruppe erhalten. Gewählte und geistige Verwandtschaft zeichnet sich aber gerade dadurch aus, dass sie die Differenz aushält, mehr noch, dass sie diese sucht und die andere Perspektive nicht nur hinnimmt, sondern auch selbst, zumindest für Augenblicke, in das eigene Sehen und Denken integriert und als Wechsel in eine übergeordnete Daseinsform des Miteinander versteht. Selbstdeutung ist also immer auch ein ganzheitliches Gespräch mit den anderen, die uns umgeben. Es gibt den erdrückenden und den weitenden Plural. Je näher wir unserem eigenen Leuchten kommen, desto freier können unsere inneren Kometen strahlen und uns helfen, aus unserem kleinen Ich hinauszuwachsen und zu einem helleren Selbst vorzudringen.

Als ich mein Buch »Mein weißer Frieden« schrieb, wusste ich beispielsweise nicht, dass ich mit dem ersten Kollektiv meines Lebens einen Bruch herbeiführen würde, weil ich es der Vorkommnisse im Krieg wegen infrage stellte. Ich wollte mein Sehen von den Forderungen der Propaganda und den feindlichen Zuordnungen befreien, für mich selbst lernen, die einzelnen Menschen zu sehen,

Weite und nicht Enge in meinem Denken schaffen und davon berichten, was das unvoreingenommene Sehen für mich und diejenigen geändert hat, denen ich an den einstigen Kriegsorten, aber auch überall sonst in der Welt begegnet bin. Eines Tages rief mich nach der Veröffentlichung meines Buches ein entfernter Verwandter an, der seit vier Jahrzehnten in Süddeutschland lebt. Ich hatte ihn viele Jahre nicht mehr gesprochen. Jemand hatte ihm sowohl meine Festnetznummer als auch meine mobile Nummer gegeben. Mit aufgeregter Stimme fragte er mich, wie es mir gehe, um mir, fast ohne meine Antwort abzuwarten, sofort zu sagen, er schäme sich, den gleichen Namen wie ich zu tragen. Es ärgerte ihn, dass ich in meinem Buch versucht hatte, alle im Krieg beteiligten Seiten zu verstehen (verstehen, wohlbemerkt, nicht aber gutzuheißen, was sie getan hatten) und wohl auch, dass ich über die erwiesene Schuld der Kroaten geschrieben hatte, die im Zweiten Weltkrieg Juden und Serben in circa zwanzig Konzentrationslagern massenweise töteten und ganze serbische Dörfer innerhalb kürzester Zeit in Schutt und Asche legten – und ihre Einwohner auf bestialische Weise ermordeten. Ich sei auf Propaganda unserer Feinde hereingefallen und zu jung, um all das zu verstehen. Dann sagte mein Verwandter plötzlich noch einen Satz, der mich, bis dahin noch wacker um Fassung ringend, am ganzen Leib zittern ließ, mit dem er sich zu den verbrecherischen kroatischen Faschisten bekannte:

»Hör zu, ich bin ein Ustascha, nur damit das klar ist.« Und ich sagte in meiner ersten Sprache: »Ich bin kein Ustascha, nur damit das klar ist.« Wir führten das ganze Gespräch in kroatischer Sprache. Damals habe ich verstanden, dass mein Zittern deshalb so stark war, weil es für mich nicht leicht ist, resolut in der Sprache meiner Kindheit zu sein, denn sie macht mich auf eine merkwürdige Weise wieder zu dem Kind, das ich einst in dieser Sprache war und das ich in der deutschen Sprache nicht mehr oder nie gewesen bin. Ich spreche seit meinem zehnten Lebensjahr die Sprache meiner Kindheit nicht mehr im täglichen Leben und kann in ihr nicht schnell genug denken. Mir fehlen die wirksamen Worte, die mir im Deutschen sofort zur Verfügung stehen, wenn es um meine Integrität geht. Der Körper ließ mich bei diesem Telefonat durch das Zittern diesen wichtigen sprachlichen Vorgang begreifen, der auch ein psychologischer ist. Es beunruhigte mich, dass in mir der doppelte Boden der anderen Sprache noch wirksam war, dass ich noch diese Schwäche in mir hatte, die mich Angst empfinden ließ. »Das Zittern eines jungen Hundes.« Dieser Satz, eine Formulierung von Danilo Kiš, kam mir in den Sinn. Das Zittern war in mir. Ich konnte es nicht mehr ignorieren. Es machte mich klein und ließ mich ungeschützt zurück. Dieses Telefonat war eine Art Initialereignis. Es folgten ihm weitere ähnliche Angriffe. Die Anfeindungen kroatischer Nationalisten hielten einen ganzen Sommer an. Sie führten dazu, dass sich nahezu meine ganze Familie von mir abwandte. Mein kroatischer Verleger tröstete mich und sagte, das werde vorbeigehen und sich bald wieder legen. Aber es ging nicht vorbei. Niemand hatte mein Buch gelesen, es gibt bis heute keine Übersetzung davon, aber irgendein Nationalist hatte offenbar im Internet geschrieben, ich verbreite die Lügen der serbischen Propaganda, und nun schrieben sie alle voneinander ab. Auch eine bekannte kroatische Zeitung veröffentlichte plötzlich einen Artikel über mich, der den Titel »Teufelsaustreibung« trug. Darin wurde ich als eine Vaterlandsverräterin bezeichnet und der Verfasser fragte sich, was denn mit mir, »einer relativ jungen Frau« los sei, die nicht einmal ein gutes Wort für ihr eigenes Volk übrig habe und ihren eigenen Vater verunglimpfe. In meinem Buch habe ich darüber geschrieben, dass mein Vater mit den faschistischen Idealen von Ante Pavelić sympathisierte, sie aber später aufgrund eines einschneidenden Erlebnisses verwarf, weil er gesehen hatte, wie unsere eigenen kroatischen Nachbarn die Gräber der Serben unseres Dorfes schändeten, indem sie sich darin entleerten und Zigaretten in sie warfen. Auf meinem Anrufbeantworter fand ich Nachrichten wie »Du bist in Kroatien nicht mehr willkommen«, »Hau ab nach Serbien« und – immer wieder: »Du verbreitest die alten serbischen Propagandalügen« usw. Auch meine Mutter wurde bedrängt und mein Zittern hörte nicht auf – all das hatte ich nicht kommen sehen. Damals habe ich meinen Anrufbeantworter abgeschaltet und seitdem nicht mehr angemacht. Diese Dinge zu hören und zu lesen machte mich traurig, aber es bestätigte mich auch in meiner inneren Haltung. Je weiter weg das Ereignis in den Hintergrund rückt, desto klarer wird mir jetzt, dass dieser Schmerz und die zu ihm gehörende Einsamkeit in meinem Leben unvermeidlich waren, ja, dass ich jetzt mein Leben nicht mein Leben nennen könnte, wenn ich mir diesen Schmerz erspart hätte. Ich begriff, dass nun vollständig die größere Freiheit in mir wirksam war, jene unwiderrufliche Freiheit, die es mir ermöglichte, neue Familien und geistige Beziehungen zu wählen, denen ich mich nicht unterordnen muss, um bei ihnen sein zu können.

Von Kindheit an fühlte ich mich im multiethnischen Jugoslawien nie ausschließlich einer Volksgruppe zugehörig. Natürlich hatte man mir gesagt, wie es im Dorf hin und wieder formuliert wurde, »was ich bin«, aber ich habe diese Zuordnung nie wirklich als meine ureigene empfunden. Kann man Nationalität empfinden? Ich kann es nicht. Es kommt für mich einem Versuch gleich, mich in Zement einzufühlen. Ich kann mich nicht in Zement einfühlen. Zement ist nicht Leben. Nationalität ist nicht Leben. In der Kindheit dachte ich darüber aber nicht nach. Ich sah mir einfach die einzelnen Menschen an. Später begriff ich, dass der

Zuschauer auch ein Denker ist. Der Beobachtungsposten ist ein Denk- und Fühlposten. Er meidet die Masse wie die Parolen. Wenn der Vorgang des Bezeugens einmal in der eigenen Schau intensiv genug erlebt ist, können wir uns nicht mehr nur mit dem einen Singular begnügen, wir wachsen über ihn hinaus, weil wir spüren, dass die Welt sonst für uns kleiner wird, als sie ist. Die Kraft der Verwandlung ist immer stärker als der Stillstand. Diesen Zustand des Betrachtens kannte ich zudem wegen meiner tiefen Liebe zur Natur, vom Anstaunen der Wolken, der Blumen, der Bäume, der Tiere, der Berge und eben auch der Menschen und ihrer Körper und Bewegungen. Das Betrachten gehörte zu meinen natürlichen Positionen, ohne dass ich es je in der Kindheit benannt hätte. Ich kam auch nie auf die Idee, darüber mit jemandem zu reden. Aber ich spürte intuitiv, dass jene Menschen des Dorfes, die sich ganz fest als dieses oder jenes verstanden, immer ihre eigene Existenz – und damit ihre Position – als die einzig richtige verteidigten. Das zeigte sich mir besonders an meinem Grundschullehrer Amir, den ich sehr liebte und über den ich in vielen meiner Bücher geschrieben habe. Hinter seinem Rücken sprachen sie abfällig über ihn als Muslim. Für mich war er einfach nur mein geduldiger Lehrer Amir, so wie alle anderen Menschen für mich auch Einzelwesen mit Namen waren. Das mag schon damit zu tun gehabt haben, dass ich mit meinem Großvater in einem für ein Kind riesigen Haus lebte, das zudem sehr weit weg vom Dorf war. Und wenn nur jemand auf der Schotter-Landstraße in bloßer Ferne zu erkennen war, der sich auf unser Haus zubewegte, rannte ich vor Aufregung schnell in unsere Küche, um mir die herannahende Gestalt geschützt und in aller Ruhe hinter dem Vorhang anzusehen. Was für Herzklopfen ich hatte! Es war jedes Mal eine solche Überraschung für mich, einen Menschen, einen anderen Körper zu sehen, dass ich den Schutz des Hauses suchen musste, um die bevorstehende Begegnung innerlich aushalten zu können. Trat diese Person dann auch noch auf unseren Hof und bat zum Beispiel um ein Glas Wasser, kam ich in all der Aufregung schon aus Zeitnot nie auf den Gedanken, den Bittenden einem Kollektiv zuzuordnen, ja selbst der mir genannte Name erschien mir weit weniger bedeutsam als die genaue Betrachtung dieser beeindruckenden Überraschungserscheinung, dieser irdischen Manifestation eines wie aus dem Nichts auftauchenden Körpers. Ich habe diese Menschen natürlich alle für verkleidete Engel Gottes gehalten, zu denen ich gut sein wollte und mit denen ich meinen überaus geliebten Blaubeersirup zu teilen bereit war, der zu den wenigen sehr bunten Dingen im jugoslawischen Sozialismus zählte – allein das Design der Flasche, die man im Genossenschaftslädchen kaufen konnte, war für meine Augen ein Ereignis. Manchmal kamen auch richtige Pilger bei uns vorbei, die sich auch als solche zu erkennen gaben. Nach allem, was ich über Jesu' Geschichte gelernt hatte, glaubte ich in einem jeden Fremden einen als armen Wanderer verkleideten Heiligen vor mir zu haben – das klopfende Herz bestand also darauf, ihn weder verhungern noch verdursten zu lassen. Ich glaubte auch in diesen Augenblicken, dass nicht nur meine Taten, sondern auch meine Gedanken von irgendeinem Punkt des Universums aus erreichbar, also einsehbar waren und dass es darauf ankam, einem anderen das zu geben, was er brauchte, damit er weitergehen oder sich auch nur kurz ausruhen konnte. Diese kleinen Szenen und diese ersten bewussten Gedanken, an die ich mich erinnere, haben mir beigebracht, dass Einsamkeit und Schönheit miteinander verwandt sind. In meiner kleinen großen Einöde kam mir einfach nicht der Gedanke, eine Nachbarin, die mir Apfelkuchen schenkte, als eine serbisch-orthodoxe Person zu benennen. Ich erlebte aber die Wärme ihres Körpers und freute mich an ihrer schon aus weiter Ferne strahlenden Großzügigkeit. Für mich war sie immer die eine Frau mit den gütigen braunen Augen, die an meinen knurrenden Magen dachte und mir so eine Mutter auf Zeit wurde, meine Apfelkuchenmutter. Der Apfelmensch bemitleidete mich nicht. Diese Nachbarin liebte es einfach, meine Augen leuchten zu sehen. So telegrafierte die eine Iris mit der anderen, so wurden wir eine kleine Apfelfamilie, Verwandte auf Zeit, die einander dadurch nah waren, weil sie sich gegenseitig sehen und wahrnehmen konnten. Und wenn es eine herzensgültige Form von Familie gibt, dann verdient sie schon durch die ihr eigene Zärtlichkeit diesen Namen.

Dieses federweiche freundliche Sehen, das der Kindheit eigen ist, erinnert an die Art, wie Verbindungen und schwebende Beziehungsgeflechte in unseren Träumen entstehen. Was in den inneren Bildlandschaften unserer Nächte geschieht, geschieht auch symbolisch am Tag im inneren Leben der Menschen. »Die Sprache des Traumes liegt nicht in Worten, sondern unter ihnen«, heißt es bei Walter Benjamin. Der Sinn sei in der Traumsprache nach Art einer Figur in einem Vexierbild versteckt. Das gilt auch gleichermaßen für die Handlungen (und Unterlassungen) des Lebens, die über die Wahl unserer Gemeinschaften entscheiden. All die tausend uns fortwährend verflechtenden Zusammenhänge können wir nie ganz überblicken. Das ganze Bild entzieht sich uns immer. Wenn wir Freundschaften und Liebesbeziehungen eingehen, wissen wir nicht, was wir dadurch auslösen und ob wir eine neue Schneise in unserer Existenz schlagen. Wir sind in der Regel als Erwachsene, wie es Oscar Wilde sagt, nicht jung genug, um alles zu wissen.

Für mich waren die Apfelfrau und viele andere Menschen meines Lebens – nicht nur in der Kindheit, sondern bis heute – Erscheinungen in einem sich unermesslich weitenden Vexierbild, das mir in meinem heutigen Schreiben in vielen Kombinationen und inspirierenden Verwandlungen als Urerfahrung zugänglich ist. Das eigene Erlebnis, die Hingabe an den Augenblick, erschafft die Bedingung für ein angstfreies Dasein mit den Äpfeln und den Menschen des Lebens. Die Apfelkuchenfrau hat sich zum Beispiel nie verpflichtet gefühlt, für mich zu sorgen, und ich habe nie angefangen, auf sie und ihre Leckereien zu warten. Das Suchbild, das eine nicht auf den ersten Blick erkennbare Figur in meiner Seele ergab, ist, rein geistig gesprochen, musterbildend für mein ganzes Leben gewesen. Vielleicht war diese kurze menschliche Begegnung viel aufrichtiger und freier als zu Menschen meiner eigenen Familie. Meine leibliche Mutter, die sich so selten in meiner frühen Kindheit blicken ließ, musste sich eines Tages, als meine Großmutter starb, mit meinem aus heutiger Sicht gnadenlosen Satz konfrontieren, den ich ihr, blind für ihre Trauer, sofort nach ihrer Ankunft zumutete: »Na endlich ist die Oma tot, dann kommst du mich auch mal besuchen.« Kinder sind nicht aus Bosheit rabiat, sie sprechen noch drauflos. Wenn man von der Kindheit selbst erzogen wird, übernimmt man nicht einfach den Blick der anderen, sondern macht eigene Erfahrungen. Auch hat man das Recht auf Fehler, auf Übertretungen, sie bleiben als Bodensatz des eigenen Lebens immer im eigenen Denkraum als Mitgeher erhalten. Sie sind manchmal bitter, diese unvermeidlichen Übertretungen, aber sie müssen bitter sein, sonst verlernen wir die Verletzlichkeit und fragen uns nie, wie es den anderen Menschen in jenen Momenten ergangen ist, in denen wir nur an uns selbst gedacht haben. Wie hat sich meine Mutter gefühlt? Ganz in Schwarz angezogen, weinte sie über Tage hinweg. Ich habe sie nie gefragt, wie lange sie gebraucht hat, um den Tod meiner Großmutter zu überwinden. Der Bodensatz fragt es jetzt. Seine bittere Wahrheit sagt: Die Fehler, die du anderen zusprichst, unterlaufen auch dir, das Leben ist lang, du siehst nicht die Tränen und Kometen der anderen, aber sie sind dennoch da und haben ihre eigene Sprache.

Die zeitgleich waltende Güte des Lebens: Ich habe viele Mütter und Väter im Vorübergehen erlebt. Niemand musste sterben, um uns füreinander sichtbar zu machen. Die Augenblicke dieser kleinen und großen Verwandtschaften, die ich – in Anlehnung an Walter Benjamins Formulierung vom »Traumstenogramm« – Seelenstenogramme nennen möchte, vervollkommnen und weiten unsere Innenwelt. Sie machen uns empfänglich für die anderen Menschen. Und so entstehen frei gewählte Familien, freiwillig gelebte Freundlichkeit und oft auch zwanglose Zugehörigkeiten, die nicht schicksalhaft an den eigenen Namen, an die Herkunft, an das Geschlecht oder an die Religion geknüpft sind, sondern erst durch unser autonomes Leben möglich werden, durch unsere Sehnsucht nach Vollständigkeit. Dafür bedarf es in wichtigen Augenblicken einer Leere, in der wir in uns selbst neu werden können. Auf einer Kinoleinwand können keine neuen Bilder projiziert werden, wenn diese nicht frei von anderen Bildern ist, wenn die Leinwand weiß ist, unbeschrieben, können wir einem Film folgen und Zuschauer sein. Jeder von uns weiß, dass das kein Zustand der Ereignislosigkeit ist. Wenn die Bilder anfangen zu flackern, flackert es auch in uns. Unser Innenleben redet mit dem Flackern. Je bewusster und in diesem Sinne unbeschriebener, also offener die innere Landschaft eines Menschen ist, desto befähigter ist er, zu sehen und gesehen zu werden – von den Erinnerungen, von den Menschen, vom großen Gedächtnis. Und er kann selbst sehen – die Erinnerungen, die Menschen, das große Gedächtnis. Schließlich werden wir eines Tages auch das, was wir sehen, und haben Anteil an dem, was uns sieht. Walter Benjamin notiert einmal: »Je weniger in den Banden des Schicksals (ein Mensch) befangen ist, desto weniger bestimmt ihn das *Nächste*, sei es durch Umstände, sei es durch Menschen. Vielmehr hat ein dergestalt freier Mensch seine Nähe ganz zu eigen; er ist es, der sie bestimmt. Die eigene Bestimmtheit seines schicksalsmäßigen Lebens dagegen kommt ihm von Fernen. Er handelt nicht mit ›Rücksicht‹ auf das Kommende, als ob es ihn einhole; sondern mit ›Umsicht‹ nach dem Entfernten, dem er sich fügt. Daher ist das Befragen der Sterne – selbst allegorisch verstanden – tiefer gegründet, als das Grübeln ums Folgende. Denn das Entfernte, das den Menschen bestimme, soll die Natur selber sein und sie tut es desto ungeteilter, je reiner er ist.«

Was aber wäre im Sinne von Walter Benjamin, der »das Meer als ein Symbol der menschlichen Natur« sieht, »rein« in einem hyperwachen Wirklichkeitsbewusstsein, das die Vernetzungen des eigenen Lebens wahrnimmt und sich zum Beispiel zielgerichtet vom eigenen »Lebensschiff« zu den anderen wachen Menschen führen lässt? Zu all jenen, die ohne Masken und einer zur Waffe geformten Identität sprechen, schauen und denken. Diese Art von Reinheit ist einer magnetischen Gegenwärtigkeit geschuldet, die sich in der synästhetischen Weltwahrnehmung niederschlägt, also in den miteinander verknüpften Sinnen eines Menschen und seinem geistig ausgerichteten Sehen.

Der Synästhet ist von Natur aus poetisch vernünftig und benutzt keine gusseisernen Begriffe. Auch ist seine Sprache vollständig selbstempfunden und folgt schon dadurch einem eigenen Klangkörper, weil sie ohne vorgegebene Schemata auskommt. Auch das Denken des Synästheten ist tanzend-rhythmisch. Seine Sprache setzt sich aus. Sie lebt aus schönwilden Verknüpfungen, die dem eigenen inneren Erdkern entspringen. »Der

Synästhetiker«, schreibt einmal Marleen Stoessel, »kann immer nur ein Weltbürger, ja Weltenbürger, ein Nomade dieser Welten, ihrer Grenzen und Überschreitungen sein. Nicht nur neue oder andere Synapsen im Gehirn, sondern auch einen weiteren Blick, eine weiter gefasste Humanität kann man durch sie kennenlernen …« Dieser Blick entspringt einer geistigen Klaviatur, einer mit unseren körperlichen Augen und Ohren allein nicht zu erreichenden Quelle, die sich als Hingabe an alles Lebendige zeigt. Jeder von uns kennt Momente, in denen ihn diese Form von Wahrnehmung einmal ereilt hat. Hier ist der Mensch seiner eigenen Wesenhaftigkeit ausgesetzt und wird gerade aus dem Individuellen, der sehr persönlichen Verfasstheit sichtbar für sich selbst. Dieses »schöpferische Zuhören«, wie es einmal Arnold Schönberg in seinem gleichnamigen Text genannt hat, schlägt sich in der eigenen Fantasie nachhaltig nieder. Nur die Wärme, die man selbst abzugeben imstande sei, so Schönberg weiter, gebe das Kunstwerk, und schließlich sei eigentlich fast jeder Kunsteindruck ein von der Fantasie des Zuhörers Geschaffenes. Allerdings ausgelöst durch das Kunstwerk und nur dann, wenn man über einen dem »Absendeapparat gleichgestimmten Empfangsapparat« verfüge. Das schöpferische Zuhören ist nicht nur im Hinblick auf ein Kunstwerk kreativ, es ist auch essenzieller Zuarbeiter des Lebens, ästhetisch und ethisch in einem.

Ricarda Huch hat beispielsweise darauf hingewiesen, dass Sophie Scholl noch kurz vor ihrer Hinrichtung in aller Unbedingtheit das Los ihres Bruders Hans teilen wollte. Aus der Loyalität zu sich selbst war es ihr wichtig, genauso wie ihr Bruder behandelt zu werden. »Sie wollte nicht«, schreibt Ricarda Huch, »dass sie vor Gericht milder behandelt werde als ihr Bruder, weil sie ein Mädchen sei, denn sie hatte dasselbe wie er getan.« Es überrascht nicht, dass Sophie Scholl in dieser ethischen Konsequenz dem Sachverwalter, der sie im Gefängnis verhörte und mit ihr Mitleid hatte, so Huch, am Ende direkt ins Gesicht sagen konnte, seine Weltanschauung sei falsch. Er wollte von ihr wissen, ob sie denn anders gehandelt hätte, wenn sie von Sinn und den Zielen des Nationalsozialismus besser Bescheid gewusst hätte – nachdem er ihr erklärt hatte, worin die Größe seiner Ansicht nach bestand, sagte Sophie Scholl, sie würde genauso wie jetzt gehandelt haben.

Standfeste Ehrlichkeit schafft neue mentale und seelische Muster in der Welt. Auch dass Hans und Sophie Scholl in der Regel als die »Geschwister Scholl« erwähnt werden, führt dazu, dass wir in unserer Vorstellungskraft die geschlechtliche Einzahl überwinden, zu einem positiven geistigen Plural vordringen und ein menschenfreundliches Wir für möglich halten. Dieser Plural ist ein Sinnbild für den Widerstand, der zunächst in der Innenwelt der Einzelnen ausgebildet wurde und uns heute als Beispiel von Würde und Furchtlosigkeit vorausgeht. An der seelischen Verfasstheit eines einzelnen Menschen arbeiten alle ihn umgebenden Wesen mit, die Eltern, die Geschwister, die Großeltern, auch die Ahnen. Über Generationen hinweg wird allmählich der menschliche Geist verwandelt. Ohne je in ihrer Zeugenschaft zu versteinern und zu Fossilien zu werden, werden die geistigen Sprünge Einzelner weitergereicht an die Kommenden. In der Gewissheit, einem Raum eben dieser Verbundenheit entsprungen zu sein, schreibt Hans Scholl in der Stunde seines Todes in seinem Abschiedsbrief an seine Eltern: »Ich danke euch für das reiche Leben, das ihr mir geschenkt habt.« Dieser Satz erschüttert mich jedes Mal aufs Neue, wenn ich ihn lese. Blitzartig werde ich der Essenz meines eigenen Lebens gewahr, all die Verbindungen zu anderen Menschen werden mir bewusst, all die Äpfel und Zuwendungen, all die Fingerkuppen und Berührungen. Und es wird mir einmal mehr klar, dass das eigene Dasein nur möglich ist, weil uns unzählige Menschen im Verlauf unseres Lebens freiwillig an ihrer Wärme teilhaben lassen. Die Zuwendung erscheint uns immer solange selbstverständlich, solange wir sie erleben. Und in der innersten Natur ist auch alles soweit mosaikartig verknüpft – niemand von uns ist je allein gewesen, und trotzdem sind wir stets ins Alleinsein geworfen.

Diese metaphysische Zweigleisigkeit bestimmt unsere gesamte Existenz. Und nur in der radikal umarmten Einsamkeit können wir sehen, wie viele Frauen und Männer, Tiere und Bäume, Meere und Inseln uns beschenkt haben – durch ihr Dasein, ihre Form, ihre Gedanken, ihre Ideen, ihre Farbe und ihr Licht sind wir das geworden, was wir heute sind. Rückschauend kann ich sagen, dass mir durch den Entzug einer beständigen Familie das Wichtigste vom Leben gegeben worden ist, um zu erkennen, wie die inneren Verknüpfungen beschaffen sind, die in uns fortwährend arbeiten. Ich musste mich infrage stellen, um am Ende zu mir selbst zurückzukehren und zu sehen, dass man nie allein ist und dass auch das, was einem entzogen wird, nie die ganze Fülle bedroht, sondern diese sogar manchmal erst mit sich bringt. Die Ereignisse unseres Lebens treffen uns nach Gilles Deleuze zwar immer persönlich, sie meinen uns aber nicht persönlich. Diese Einsicht ist provozierend, denn sie nimmt uns den Status als Opfer. Das ist befreiend und schmerzlich zugleich. Auf jeden Fall bedeutet es den Verlust der alten Position. Aber ein neues Sehen wird möglich, ein schöpferisches Sehen, das deshalb alles verändert, weil es auf das Drama der äußeren Lebenserzählung verzichtet und nach innen geht. Das gilt nicht nur für biografische Bedingtheiten, sondern auch für das, was man uns über unser Geschlecht erzählt und über die Rolle, die wir spielen und einnehmen sollen, die sich aus den Mentalitäten und Bedürfnissen der anderen ergibt.

Als ich das Licht der Welt erblickte, sorgte ich sofort für Enttäuschung. Die erste Enttäuschung, die ich bei meiner Mutter offenbar gleich nach meiner Geburt hervorrief, war schlicht, dass ich kein Junge war, sondern »nur« ein Mädchen. Zehn Wochen blieb sie bei mir und vertraute mich dann, bevor sie ihre für uns alle lebenswichtige Arbeit wieder aufnahm, der Obhut meiner Großmutter väterlicherseits an. Meine Mutter war von Beginn an Ziel meiner Sehnsucht und ein großes Enigma für mich, da sie rasch über alle Berge – besser gesagt über die Alpen – und in den Main-Taunus-Kreis nach Deutschland zu meinem Vater fortgegangen war. Eine Tochter zur Welt gebracht zu haben, war ihr offenbar und vor allem auch von ihm als persönliches Scheitern attestiert worden. Für mich hatten alle diese Berichte, die um meine Geburt kreisten, und die ich in der Pubertät wahrzunehmen begann, etwas von einem mit nichts anderem als mit einem Sohn zu begleichenden Scheitern, das sie selbst zutiefst geschmerzt haben muss. Einen ähnlichen Lebensbeginn hatte die 1911 in Paris geborene Künstlerin Louise Bourgeois, deren Mutter die Geburt ihrer Tochter sogar als eine »Blamage« erlebte. Louise, die als dritte Tochter zur Welt kam, wurde von ihr als Zumutung des Schicksals wahrgenommen, da alle auf einen Sohn warteten. Ihr

Leben trägt romanhafte Züge – ich möchte hier auf ihren Werdegang wie auf einen exemplarischen Text eingehen, in dem sich ein ganzes Jahrhundert spiegelt.

Louise Bourgeois beschreibt ihre Mutter als eine sehr rationale und unterkühlte Person, die bei der Geburt ihrer dritten Tochter zu ihrem Vater gesagt haben soll: »Sei nicht enttäuscht über das kleine Mädchen. Weißt du, sie ist dir wie aus dem Gesicht geschnitten, findest du nicht?« Bourgeois sagt, sie wisse nicht, ob ihr Vater diese Auffassung geteilt habe, aber er soll gesagt haben: »Ja, sie ist ganz nett.« Und ihre Mutter wiederholte daraufhin noch einmal: »Sie ist dir wie aus dem Gesicht geschnitten, und wir werden sie nach dir nennen.«

Ihr Vater, so Louise Bourgeois, habe schon in dieser Zeit nach anderen Frauen Ausschau gehalten, was er dann, als sie schließlich bald darauf einen Bruder bekam, noch verstärkt getan habe. Vielleicht hat ihre Mutter deshalb intuitiv versucht, wie Louise Bourgeois es einmal sagt, sie bei ihrer Geburt dem Vater zu »verkaufen«. Das sei der Mutter damals in gewissem Maße auch gelungen. Ihr Vater sei dennoch enttäuscht gewesen. Als schließlich der Bruder zur Welt kam, hielt der Vater die Treue auch nicht mehr zum Schein und ging in aller Offenheit zu anderen Frauen. Der Vater wäre also auch mit einem Sohn nicht zu halten gewesen. Kurz nach 1918 bekam Louise Bourgeois' Mutter dann auch noch die Spanische Grippe, von der sie sich nie wieder erholte. In diesem Zusammenhang ist es sehr aufschlussreich, was Bourgeois über die späte Anerkennung ihrer Kunst zu sagen hat: »Da ich so lange gebraucht habe, meine Position unter Beweis zu stellen, meine Wichtigkeit, kann es mir kaum schmeicheln, wenn ich schließlich Anerkennung finde. Es ist mir gleichgültig.«

Anfang und Ende eines jeden Lebens gehören immer zusammen, sie ergeben und ergänzen ein Bild, einen Zusammenhang, der ohne seine beiden Endpunkte so nicht denkbar wäre. Welchen Blickwinkel nehmen wir auf uns selbst und unsere Beziehungen im Verlauf unseres Lebens ein? Und wie sehen wir andere Menschen? Ich denke, der Blick in die »eigene große Wildnis«, so ein Ausdruck von James Baldwin, formt auch den Blick auf die Menschen unseres Lebens. Was wir auch tun, ob wir uns nun im Alleinsein begegnen können oder nicht, wird immer Echoräume unserer eigenen Verfasstheit nach sich ziehen und uns zu jenen Menschen bringen, die sich genauso wenig oder genauso bewusst wahrnehmen können wie wir. Sollen wir beispielsweise Louise Bourgeois ihrer Erfahrung wegen bemitleiden oder uns daran freuen, dass es sie gibt, diese seltenen Menschen, denen es gelungen ist, dem Opferdasein zu entkommen und ein ureigenes Werk zu erschaffen, das ihnen niemand mehr nehmen kann? Ich empfehle jedem, sich die Arbeiten, und auch das beredte, natürlich gealterte Gesicht dieser Künstlerin genau anzusehen und dann aufzuschreiben, was ihm dabei durch Kopf und Herz geht.

Es erscheint mir denkbar, dass Bourgeois zum gleichen inneren Ort der Autonomie vorgedrungen ist wie Sophie und Hans Scholl, auf eine andere Weise und auf einer längeren Zeit- und Lebensstrecke, sodass auch sie »das reiche Leben« von der anderen Seite und gerade durch das Fehlen einer ersten Grundfreundlichkeit kennenlernen konnte. Wenn uns das Selbstverständliche entzogen wird, muss es sich in unserem eigenen Inneren den Widerständen zum Trotz ausbilden. Die Sehnsucht und die Liebe bringen uns dorthin. Bücher, Filme, Bilder erzählen uns immerfort von jenen anderen Weltinnenorten, die uns als Leerstelle eingeschrieben sind und die uns schließlich zu denkenden Menschen machen. Der Weg der Erkenntnis führte Louise Bourgeois zu ihrer ureigenen, sehr konsequent durchgeführten künstlerischen Arbeit. Darin hat sich auch über die Jahrzehnte hinweg ihr eigenes Ethos niedergeschlagen, denn die Koordinaten ihres Lebens haben sie zu dem Menschen und der Künstlerin gemacht, die wir heute kennen. Die meisten Menschen neigen dazu, über ihre Vergangenheit zu klagen. Eine schönere Kindheit, ein anderer Vater, ein komfortableres Leben, all diese Wünsche und Umkreisungen eines besseren Lebens sind metaphysische Spekulationen, die die in jedem von uns vorhandene Einsamkeit überdecken. So oder so werden wir aber irgendwann auf sie zurückgeworfen. Und auch unser Gesicht ist damit verbunden. In ihm ist alles eingeschrieben, was die uns umgebende Welt sehen kann, wir selbst aber nicht, wie es James Baldwin so bewegend in einem seiner Essays schreibt. Dieses uns gegebene Gesicht könne jeder andere sehen, der Geliebte, der Bruder, der Feind sehe unser Gesicht mit all seinen Reaktionen. Uns selbst aber entziehe es sich. Auch unsere Innenwelt entzieht sich uns, solange wir einen Opferstatus für uns reklamieren und andere dafür verantwortlich machen, wer wir hier und heute in unseren frei gewählten Beziehungen sind. Unsere große Reise nach innen zeigt, dass wir selbst dann, wenn wir tatsächlich von anderen diskriminiert werden, immer noch die Möglichkeit haben, uns selbst zu benennen und uns den eigenen Platz nicht wegnehmen zu lassen. Das Böse in der Welt wächst, weil wir dem Guten zu wenig oder gar keine Aufmerksamkeit schenken. Auf die Frage des Kunsthistorikers Donald Kuspit, ob sie nicht meine, als Künstlerin diskriminiert worden zu sein, weil sie eine Frau war, antwortete Louise Bourgeois zum Beispiel bemerkenswert gleichmütig: »Ich finde, dass ich komplett ignoriert worden bin und dass ich dieses Schicksal mit vielen teile. Allerdings hat niemand Schuld daran. Es ist einfach die Lage der Dinge.« Und die Lage der Dinge richtete sich nicht gegen sie persönlich und hinderte sie vor allem auch nicht daran, weiterhin ihre Arbeit um ihrer selbst zu tun. Und weil sie einen langen Atem behielt und sich nicht der Lage der Dinge zur Disposition stellte, konnte sie mit ihrer Arbeit einfach weitermachen, obwohl zunächst niemand ihre Kunst ausstellte. Das sei schlicht die »Gleichgültigkeit des Systems« gewesen, sagt sie, doch das gelte für jedes System, das insgesamt immer nur ein paar Glückliche begünstige. »Aber meine Arbeit existiert dennoch«, hält sie fest. Nicht zur Kenntnis genommen zu werden, betont sie, sei am Ende nicht dasselbe wie diskriminiert zu werden. Ich finde diese Formulierung sehr wichtig, sie verweist auf eine ausgeformte künstlerische Innenwelt, die sich nicht von den Urteilen anderer abhängig gemacht hat.

Louise Bourgeois verließ Frankreich 1938 und ging für immer nach Amerika. In den Fünfzigerjahren war die Kunstwelt ein schwer umkämpftes Terrain. Frauen, so formuliert sie es selbst, hätten damals in der Kunstwelt wie Sklaven gearbeitet, während viele Männer aufgrund ihres Charmes ganz nach oben gelangten. Jung und hübsch zu sein sei für eine Frau im Kunstbetrieb nicht hilfreich gewesen, weil der Teil der Szene, in der das Geld ausgegeben wurde, in den Händen von Frauen war – Frauen, die viel Geld hatten. Gesellschaftlich sei sie selbst damals eindeutig irrelevant gewesen. Männliche Künstler wurden bevorzugt, und zwar vor allem solche, die für sich behielten, dass sie verheiratet waren. Diese Männer beschreibt Bourgeois als »Künstler-Clowns«, die gewissermaßen an den Hof der Kunstwelt gekommen seien, um dort für Unterhaltung und Charme zu sorgen. »Es ist auffällig«, sagt sie, »dass die Clowns niemals Frauen waren.« Sie selbst sei nicht einmal Teil des Spiels geworden, weil sie eine Frau war. Als Tochter eines Charmeurs habe sie schlicht das Spiel der Charmeure erkannt. So bewahrte das Leben sie vor jenem possenreißerischen »Syndrom des Charmeurs«, mit dem sie streng ins Gericht geht und über das sie sagt: »… es beeinträchtigt die Produktion von Kunst, es korrumpiert die Kunstwelt und stiftet Verwirrung, wenn auch vielleicht versehentlich.« Charmeure sind zudem bei genauer Betrachtung gehorsam, denn sie fügen sich dem Willen einer Macht, die ihren Charme entweder beansprucht oder den sie selbst imaginieren und der sie sich beugen, indem sie das liefern, was sie von ihnen verlangt oder wovon sie glauben, dass sie es ihnen abverlangt. Das hat Louise Bourgeois nicht getan und sich auf ihr Werk konzentriert. Sie verweigerte sich dem System nicht einmal bewusst, sie blieb sich selbst treu und arbeitete weiter. Das reichte aus, um die Konzentration auf den eigenen künstlerischen Weg auszurichten. Am Ende war das auch ihr Weg, sich selbst anzuerkennen und nicht darauf zu warten, dass es die anderen tun.

»Die Wege der Anerkennung« sind stets auch mit der Fähigkeit des Selbstausdrucks gekoppelt. Die moderne Kunst ist für Louise Bourgeois gerade deshalb eng mit dem eigenen Menschsein verknüpft, weil sie nicht an einen absolut eindeutigen Weg gebunden ist: »Es geht um den Schmerz«, sagte sie, »sich nicht angemessen ausdrücken zu können, den intimen Beziehungen Ausdruck zu verleihen, dem eigenen Unbewussten, um die Unmöglichkeit, der Welt genügend zu vertrauen, um sich unmittelbar in ihr mitteilen zu können. Es geht darum, in dieser Situation nicht den Verstand zu verlieren, einstweilen und vorübergehend geistig gesund zu sein, indem man sich selbst mitteilt. Alle Kunst entsteht aus dem schrecklichen Schmerz und den schrecklichen Bedürfnissen, die wir haben. Sie handelt von der Schwierigkeit, man selbst zu sein, weil man vernachlässig wird.« Kunst handele nicht von der Kunst. Kunst handele vom Leben, sagt sie weiter, und das sei im Grunde genommen schon alles. Hier schließt sich bei Bourgeois der eigene Lebenskreis. Anfang und Ende sind schöpferisch in ihrer Kunst zusammengekommen. Die einst erfahrene Vernachlässigung wich einem künstlerischen Ausdruck, der schließlich nicht nur ihr bildnerisches Werk, sondern auch ihre Selbstachtung spiegelt. Bourgeois' Beispiel zeigt zudem, dass wir, bei allem was wir tun, im Wesentlichen immer Auskunft geben über die existenzielle Grundsituation unseres Lebens. Aus ihr heraus sprechen wir, aus ihr heraus entsteht unser Denken und schöpferisches Handeln. Zugleich wird auch hier deutlich, dass das, was wir als unser persönliches Schicksal begreifen, lediglich der Ausgangspunkt einer in Etappen vollzogenen Lebensgleichung sein kann und nicht etwa ihre Auslöschung. Das Persönliche ist das, was wir selbst in die Welt geben, und nicht das, was uns von anderen angetan wurde. Abertausend anderen Menschen sind ähnliche Dinge wie uns geschehen – auf eine Weise ist jeder von uns vernachlässigt worden und hat daraus entweder den »Drang nach Anerkennung« entwickelt oder (wenn er aus vielen Gründen dazu nicht in der Lage war) aus freien Stücken der eigenen Auslöschung zugearbeitet. Solange wir uns nicht selbst zu sehen lernen, werden wir das Erlittene immer als eine nur rein persönliche Angelegenheit begreifen und nie eine Anerkennung im Außen finden, die auf Dauer zufriedenstellend ist. Meistens ist es ohnehin so, dass wir von jenen nicht anerkannt werden, die selbst nie Anerkennung erfahren haben. »Kunst ist eine Art und Weise, sich selbst anzuerkennen«, so Louise Bourgeois, »und aus diesem Grund«, sagt sie weiter, »wird sie immer modern sein.« Man müsse jeden Tag seine Vergangenheit aufgeben oder sie hinnehmen – »… und wenn man sie nicht hin nehmen kann, dann wird man Bildhauer. (…) Es ist natürlich ein Privileg, in dieser Selbstprüfung in der Lage zu sein, insbesondere mit Hilfe der Kunst.«

Seitdem ich denken kann, habe ich mich bei Aussagen schöpferischer Menschen immer gefragt, wie man den eigenen Lebensstoff, die eigenen Freundschaften und Liebesgeschichten auf die Art eines Künstlers oder Bildhauers betrachten und was man genau tun kann, um sich selbst mündig als ein zu bearbeitendes Kunstwerk zu begreifen, das mit Bewusstsein (als seinem eigentlichen Sauerstoff) versorgt werden muss, um sich selbst fühlen zu können. Meine Protagonistin Arjeta Filipo aus dem Roman »Kirschholz und alte Gefühle« ist eine solche Selbstprüferin – sie erzählt nicht nur, um die Vergangenheit zu durchforsten, sondern vor allem, um sie dort zu lassen, wo sie ist – in der Vergangenheit. Künstlerinnen wie Louise Bourgeois zeigen uns, welchen wichtigen Stellenwert Selbstprüfung und Ausdauer einnehmen müssen, wenn wir unsere Existenz als schöpferisch und nicht nur als schicksalhaft gegeben erleben wollen. Prüfen, so Bourgeois, setze Hartnäckigkeit voraus, die Hartnäckigkeit zu sehen, sich zu konzentrieren. Skepsis öffne den Weg für die Prüfung, räume die Blindheit des Dogmas beiseite, des bequemen Glamours, des bequemen Sehens. Das Sehen, das alles ändert, ist immer unbequem – es entreißt uns die sichere und damit die ideologische Position, die wir irgendwann als die unsere definiert haben, weil wir zu wissen glaubten, die ganze Geschichte und damit uns selbst zu kennen. Aber leben wir überhaupt noch, wenn wir uns nicht mehr ein Rätsel sind?

Im Grunde genommen verfügt jeder Mensch immer nur über mögliche Blickweisen auf sich selbst, über Erzählungen, die er vor dem Hintergrund einer ihm nahegelegten Geschichte geglaubt und dann einstudiert hat und die er fortwährend wiederholt, obwohl sie manchmal genau das wiedergeben, was er selbst nicht als das eigene Sein empfindet. Blicke sind lediglich temporäre Einbringungen einer Lebenskraft zu einem ganz bestimmten Zeitpunkt. Bei genauer Betrachtung begleitet jeden Menschen dabei ein ganzer Kosmos aus zeitgleich nebeneinander verlaufenden Wahrheiten. Alles verwandelt sich permanent. Eindeutige Lesarten können uns gleichermaßen ermächtigen, wie sie uns unterwandern können. Aber nie vermögen sie eine Wahrheit für alle Zeiten zu sein. Eine persönliche Wahrheit hat dennoch einen eigenen Ausgangspunkt, und jedes Leben folgt einem eigenen Muster, einer eigenen Richtschnur, die zittert und leuchtet. Menschen, die einander zum ersten Mal begegnen, lesen dieses Zittern und Leuchten und erkennen einander als ein ineinander wirkendes Alphabet, das sie nur gemeinsam freisetzen können. Die meisten Menschen über tragen dabei aber ihr Problem unbewusst auf ihr Gegenüber. Sie brauchen den anderen, um zu diesen Innen-Seiten vorzudringen. Der Unterschied zwischen ihnen und einer Künstlerin wie Louise Bourgeois ist der, dass sie weiß, wie der Prozess der Begegnung mit dem Material vonstattengeht. »Ich betrachte den bearbeiteten Kubus sehr lange«, sagt sie. »Dann versuche ich zu formulieren, was ich zu sagen habe und wie ich das übertragen werde. Ich übertrage mein Problem auf den Stein. Die Bohrung markiert den Beginn des Prozesses, da sie den Stein negiert. Die Frage ist, wie die Negation zu vollenden ist, wie dem Stein etwas genommen werden kann, ohne ihn völlig zu zerstören, sondern ihn zu überwinden, zu bezwingen. Der Kubus existiert nicht mehr als eine reine Form zwecks Betrachtung. Er wird zu einem Bild. Ich übernehme ihn mit den Mitteln meiner Fantasie, meiner Lebenskraft. Ich mache ihn für mein Unterbewusstes nutzbar.«

Neben der symbolischen Eroberung des Materials ist für Louise Bourgeois aber auch immer die Geometrie von Bedeutung, die nicht nur eine äußere, sondern auch eine innere Kategorie ist. Dieser Prozess ist mit dem Sprachmaterial vergleichbar, das dem Schriftsteller zur Verfügung steht, und wenn er so wie die Künstlerin Fragen stellen kann, dann muss er sich nicht von der Angst verschlucken lassen, sondern kann die Wirklichkeit, die er beschreiben will, prüfen. Später, wenn ein Kunstwerk oder ein literarischer Text entstanden ist, haben Leser und Betrachter mittels Form errungenen Werkes Anteil an dem vom Künstler vollzogenen Prozess. Und manchmal wird erst viel später dieser einmal von einem anderen Menschen gesichtete Kern sichtbar, die Essenz, die ein Fremder erlebt hat, fängt Jahre danach an zu leuchten und wird Teil des eigenen geistigen Wurzelwerks. Rätsel sind wichtiger als Erklärungen. Fassungskraft offenbart sich im eigenen Inneren, wenn sich etwas in der eigenen Erfahrung bewährt und zeigt. Auf diese Weise bilden sich fortwährend geistige Familien, die Teilhabe wird über Zeit und Raum hinweg gelebt und in allen unseren Handlungen synaptisch weitergereicht. Ein Kunstwerk ist wie die Freundschaft ein geistiges Bauwerk und hoch konzentriertes Leben. Um sich zu bewähren, muss es sich von der Biografie abstoßen, sie überwinden.

Die unsichtbare Verbindung zu dieser ersten Lebenswelt, zum Anfang des Anfangs, den wir alle haben, hat auch Patti Smith in ihrem autobiografischen Buch »Traumsammlerin« beschrieben. Sie verbindet darin die eigenen »Ahnen« mit der paradoxen Sehnsucht, wieder zu sein, was sie nie war: »Wie das Schicksal es wollte, schlug ich einen Pfad ein, weit entfernt von dem meiner Ahnen, und trotzdem sind ihre Wege und Weisen auch meine. Wenn ich auf meinen Reisen einen Hügel mit Schafen sehe oder einen Hirtenstab, der zwischen Kastanien liegt, dann ergreift mich ein unbestimmtes Verlangen, wieder zu sein, was ich nie war.« Das schmeckt nach der ewigen Sehnsucht, an jenen Anfang des Anfangs zurückzukehren, der noch offen ist. Aber auch der Anfang des Lebens ist kein wirklich ganz und gar eigener, persönlicher Anfang, da er, um möglich zu sein, von unseren geistigen und familiären Vorfahren erschaffen, also denkbar gemacht wurde – durch jeden einzelnen Weg, der vor uns begangen worden ist. Die wilde Liste meiner geistigen Vorfahren ist lang. Ihr Leben und Werk arbeiten meinem eigenen Denken zu. Wir schwimmen zusammen über die Zeiten hinweg in Erkenntnissen. Teresa von Ávila spricht mit Marina Zwetajewa. Auch andere Formen, Vibrationen, Tonalitäten der Schönheit zeigen sich mir als seelische Nähe. Mit Seele meine ich den innersten Kern unserer Lebendigkeit und Liebe, die uns auf den Weg bringt, in Bewegung hält, zu anderen Ufern und zu neuen Menschen schickt und das keiner Institution gehören kann. Auch die Gefährtenschaft der Tiere entspringt für mich einem Momentum der Verwandtschaft. Und ich fühle mich Elias Canetti sehr nahe, wenn er schreibt, es sei nicht gut, dass die Tiere so billig zu haben sind. Auch Maurice Maeterlincks Bienen fallen mir ein, der Wind, das Tanzen der Grashalme und die musizierenden Regentropfen in einer Sommernacht. Die Demut, die Maeterlinck beschreibt und die mich immer ergreift, wenn ich in die Augen der uns anvertrauten Tiere sehe. Wenn ich ihrem Blick begegne. Ihrer Standfestigkeit und außerordentlichen Sanftmut, die selbst der von uns Menschen dämonisierte Wolf ausstrahlt und vor allem: weil die Tiere sich nicht verbiegen können wie die Menschen. Weil Tiere nicht lügen. Weil sie, wie es die

Naturschützerin Kristine Tompkins über Pumas sagt, auch Meisterwerke sind, ebenbürtig jenen, die wir in Museen bestaunen. Tiere kommen und gehen. Und wir können von ihnen fordern, was immer wir wollen, alles, was wir jemals erhalten werden, ist das, was sie uns von sich aus geben, ganz gleich, wie sehr wir uns einbilden, es mit unserem zivilisatorischen Willen erzeugt zu haben. Und sie sind uns in einigem voraus. Tiere können so schön Nein sagen. Ihr Nein ist ein ganzer Satz. Während wir Erklärungen liefern, nach Begründungen suchen und uns nie trauen, ganz zu gehen, ganz zu verschwinden, uns ganz zurückzunehmen. So sind für mich die Tiere Angehörige einer weichen Zeit, die wir im ersten Land unseres Lebens kennenlernen – in der Kindheit also, in der wir so sind, wie wir nie vorher waren. Und wie wir es später nur in verdichteter Form, etwa in der Literatur oder in der Essenz unserer inneren Sprache sein können.

Wir sind Fremdheit, Funke und Erscheinung in einem. Auch Echoräume aller Körper, die wir erlebt haben. Wir haben Anteil selbst an jenen, denen wir nie begegnet sind wie etwa dem Körper von Chelsea Elisabeth Manning, die sich für ein Leben als Frau entschieden hat und zuvor als Mann Soldat der amerikanischen US-Streitkräfte war. Nach einer Hormontherapie zur geschlechtlichen Angleichung vom Mann zur Frau ließ sie nicht nur ihren alten Körper, sondern auch den männlichen Namen Bradley Edward Manning hinter sich. Als Whistleblower hatte Manning Dokumente und Videos an Wikileaks weitergegeben, aus denen hervorging, dass amerikanische Soldaten viele irakische Zivilisten beschossen und getötet hatten, es wurden mindestens 303 Fälle von Folter durch die amerikanischen Besatzungstruppen im Irak bekannt. Auch ist es u. a. Manning zu verdanken, dass Informationen über die menschenfeindlichen Haftbedingungen im Gefangenenlager Guantanamo durchgesickert sind. In einer Zeit, in der Lüge und Wahrheit austauschbar und zu Pseudonymen verkommen sind, in dieser gusseisernen Zeit also, in der wir heute leben, wurde ein ethisch denkender, der Wahrheit verpflichteter Mensch zu 35 Jahren Haft verurteilt. Im Gefängnis entschied sich Manning, dem seit der Kindheit empfundenen Gefühl, eigentlich eine Frau zu sein, nachzugehen und sich selbst so zu sehen. Präsident Barack Obama hat Manning am Ende seiner Amtszeit begnadigt. 2010 erreichte Manning im Gefängnis eine Postkarte aus Portugal. Der Absender verzichtete auf seinen Namen und schickte stattdessen nur zwei Sätze über den Atlantik: »Stay strong. The world is watching.« Lassen Sie diesen Satz noch einmal auf sich wirken: »Stay strong. The world is watching.« Diese Worte haben Gültigkeit für alles, was auch wir mit unserem Körper tun, was wir denken und berühren. Und zeitgleich, in diesem unendlichen Strom des Lebens, in uns und über uns, leuchtet der Sommer, leuchten die Sonntage, die von der großen Regie unseres Seins mit Licht und Schatten versorgt werden. Auch die Wolken sind da, die über uns dahinfliegen, ihr flimmerndes Königreich, ihre Formen und Flügel und farblichen Abstufungen. Zum Land Kindheit reisen wir alle ohne Pass, ohne das Amt, ohne das Krankenhaus, in dem wir verzeichnet und geboren wurden. Wir reisen in gewählter Verwandtschaft zum Anfang des Anfangs, zur Offenheit, in der wir noch keinen entschiedenen Körper hatten, wir reisen zur Wahl, das zu sein, was wir innerlich sind und was wir nie vorher waren. So entsteht beständige Verwandtschaft, die aus einer hingebenden, empfundenen Achtsamkeit heraus wirksam ist. Dies ist keine Verwandtschaft, die zur Liebe verpflichtet, sondern die die reine Liebe ist. Auch die Liebe der Tiere zeigt uns das, was wir an unsere kühle Vernunft verloren haben, sie macht diesen feinfühligen Magnetismus sichtbar und ist Teil des heiligen Raumes zwischen allen Lebewesen. Auch das Gras malt die Welt aus. Die Halme. Die Spiele der Kinder. Die allwaltende Wirksamkeit ihrer kleinen und großen Versenkungen. Die Hingabe an den Augenblick – der den Körper in der inneren Zeit hält und jenseits des Schmerzes verortet (bis das Kind fällt, jeder fällt, wir alle fallen). Auch im Vorbeigehen ist Zugehörigkeit ein echtes Gefühl. Davon lebt alle große Dichtung. Im Vorbeigehen sind wir für andere Menschen oft mehr

Blick als Körper. Wesentlich wird mit den Augen Zugewandtheit gelebt. Dem wunschlosen Sehen stehen manchmal alte Verletzungen hinderlich entgegen. Statt einander zu sehen, bekämpfen wir unsere Schatten. Jeder Mensch ist aber einmal verletzt worden. Hat eine einschneidende Verletzung uns zu Gefangenen der Vergangenheit gemacht, können wir nicht mehr frei auf das blicken, was sich vor uns ereignet. Der offene Blick aber macht überhaupt erst für das empfänglich, was später als eine gütige Kultur des Sehens entstehen kann. Bei dem Dichter W. H. Auden heißt es einmal in einem seiner Gedichte: »I and the public know / what all schoolchildren learn, / Those to whom evil is done / Do evil in return.« Wenn also nicht wir, die wir das erkennen, aus den Denkfiguren des Bösen aussteigen, wer soll es dann tun? Wer, wenn nicht ich, wann, wenn nicht jetzt – so steht es auch an einer Stelle im Talmud. Die Zeit ist immer jetzt. Der Handelnde sind immer wir. Sonst verharren wir in einer Struktur, die wir überwinden wollen, und können nicht fühlen, dass das Bestreben der Sehnsucht jene nach Anerkennung ist und dass ein anderer uns sieht. Der Soziologe Richard Sennett sagt, das Bedürfnis, die eigenen Vorstellungen dadurch zu legitimieren, dass man sich auf eine Verletzung beruft, die man erlitten hat, binde die Menschen immer enger an ihre Verletzungen. Und der italienische Literaturwissenschaftler Daniele Giglioli betont, zur Wiederholung der Vergangenheit sei nicht jemand verdammt, der ihrer gedenke, sondern der sie nicht verstehe.

Erstrebenswert erscheint mir also die selbstermächtigende Frage: Wenn ich, einmal meiner Geschichte gewahr geworden, die Gegnerschaft aufgebe, wofür stehe ich dann? Wo stehe ich in der Welt? Woran glaube ich? Was kann ich tun, um das zu stärken, was ich selbst anderen geben kann? Lebe ich all die guten Dinge, an die ich glaube? Erst aus dieser tastenden Selbsterziehung heraus finden wir zu den eigentlichen geistigen Verbündeten unserer Existenz. Das Heraustreten aus der persönlichen Leidenserzählung bündelt magnetisch die schöpferischen Prozesse und bringt sie in Einklang mit unserem inneren Buch. In meinem Roman »Kirschholz und alte Gefühle« habe ich diesen Prozess aufgezeigt – ich schicke meine Erzählerin Arjeta dabei auf den Weg durch Länder, Sprachen und zu Menschen, die sie herausfordern, bis sie beginnt, das im Außen Gespiegelte im eigenen Inneren abzuklopfen. Sie begreift, dass sie von ihrer persönlichen Leidenserzählung abrücken muss, um aus der Vergangenheit, die sich ihr mehr und mehr als Fiktion zeigt, wie aus einem zu klein gewordenen Zimmer herauszutreten. So wird es ihr möglich, ihrem abgründigen Lebensgefährten Arik, aber auch ihrer sanftmütigen Freundin Nadeshda zu vergeben, die hinter ihrem Rücken eine Beziehung hatten. Sie entscheidet sich für die Freundschaft mit Nadeshda und weiß, dass es diese nicht ohne die Vergebung geben kann, weil alle Menschen lieben und lügen, weil alle Menschen Fehler machen, manchmal, weil sie nicht wissen, dass sie verletzlich sind. Und weil sie selbst durch die anderen versteht, dass auch sie ein verletzlicher Mensch ist. In diesem Augenblick kippt ihre Schwermut in Luzidität.

Die italienische Schriftstellerin Natalia Ginzburg hat einmal im Hinblick auf das Handwerk des Schreibens gesagt, dass Glück und Unglück uns dazu bringen, auf die eine oder auf die andere Weise zu schreiben. Ich glaube, dass sie auch unser ganzes Leben bestimmen und die Wahl unserer Beziehungen und Haltungen beeinflussen. Leiden, so Ginzburg, mache die Fantasie schwach und träge; sie bewege sich zwar, aber lustlos und matt, mit den schwachen Bewegungen eines Kranken, mit der Müdigkeit und Vorsicht der schmerzenden fiebrigen Glieder; es falle uns schwer, den Blick von unserem Leben und unserer Seele abzuwenden, von dem Durst und der Unruhe, die uns erfülle. Das führe dazu, dass in den Dingen, die wir schreiben, ständig Erinnerungen aus unserer Vergangenheit auftauchten. »Zwischen uns und den Personen«, schreibt Ginzburg, »die wir dann erfinden, die unsere ermattete Fantasie dennoch zu erfinden vermag, entsteht eine besondere Beziehung, (…) eine warme, tränenfeuchte Beziehung von fleischlicher und erstickender Intimität. Wir haben tiefe und schmerzende Wurzeln (…). Die Gefahr, die uns dann droht, ist, in einem dunklen See mit totem, stehendem Wasser Schiffbruch zu erleiden und alle Geschöpfe unserer Gedanken mit uns hinabzuziehen, sie mit uns im lauen, dunklen Strudel sterben zu lassen.« In solchem Schmerz stecke eine Gefahr, wie auch im Glück eine Gefahr sei, in Bezug auf die Dinge, die wir schreiben. Dichterische Schönheit sei ein Zusammenspiel von Grausamkeit, Hochmut, Ironie, fleischlicher Zärtlichkeit, Fantasie und Gedächtnis, Klarheit und Dunkelheit, und gelinge es uns nicht, all das zusammenzubringen, sei unser Ergebnis armselig, ohne Bedeutung und kaum lebensfähig.

Um von einem Leiden Abstand nehmen zu können, in dem unser innerer Kompass lediglich auf das Schwere reagiert, muss uns jemand beigebracht oder vorgelebt haben, dass es eine größere Wachheit gibt, an der wir teilhaben können. Die geistige Wachheit ermöglicht jene Erkenntnisebene, die Walter Benjamin im Hinblick auf jene Träume, in denen man sich selbst sieht, so umkreist: »Es zeugt von der versteckten und bedeutungsvollen Originalität in der Erinnerung, die wir am zwingendsten in jenen Bildern erkennen, auf denen wir – ganz wie in manchen Träumen – selber zu sehen sind. Wir stehen vor uns wie wir wohl in der Vergangenheit einst irgendwo, doch nie vor unserem Blick gestanden haben. Und gerade die wichtigsten, die in der Dunkelkammer des gelebten Augenblicks entwickelten Bilder sind es, welche wir so zu sehen bekommen.« Diese Bilder zeigen uns, dass die Zeit und der Traum ein Ort sind, an dem sie ein Gespräch miteinander führen und an dem wir den Blick auf uns selbst einüben. Freiwillig, ohne die luzide Mitarbeit des Traumes, würden wir uns wohl nie unserem eigenen Blick im eindimensionalen Alltagsbewusstsein stellen können. Nur die Träume, als atavistische Restbestände einer uralten Vernunft, haben noch die Kraft, uns zur Innen-Bilder-Schau zu bewegen. Nur noch sie können uns nachhaltig beunruhigen und uns zwingen, uns selbst in die Augen zu blicken, so, wie es Synästhetiker immerfort tun, wenn sie in der Fülle ihrer Wahrnehmungen die Welt als Zusammenhang erleben und nicht als eine der Trennungen. Der Neurologe Richard E. Cytowic bezeichnet vielleicht Synästhetiker gerade deshalb als »kognitive Fossilien«, »denn sie haben das Glück«, sagte er, »sich ein Bewusstsein, wie gering auch immer, von etwas erhalten zu haben, das ganz fundamental mit der Frage zusammenhängt, was uns nicht nur als Menschen, sondern als Säugetiere von anderen Arten unterscheidet«. In unseren unterschiedlichen Bewusstseinsebenen sind Verwandtschaftsverhältnisse zur uns umgebenden Welt angelegt. Immerfort sind wir mit den verknüpften Sinnen und mit dem, was im anderen, auch in uns völlig fremden Menschen und Lebensformen, bereits verknüpft worden ist, in Berührung.

Die Vorstellungskraft kann wie ein Langstreckenläufer in die Empfindungsräume eintauchen, die uns umgeben, die zu uns sprechen und die auf uns einwirken. Die Imagination ist ein über alle Ufer tretendes Wasser, sie kennt die unsichtbaren Wurzeln des Lebens.

Die amerikanische Schriftstellerin Siri Hustvedt hat das im Hinblick auf ihre Schreibstimme einmal so veranschaulicht: »Es gibt keine Grenzen der Imagination. Als ich aus der Sicht eines Mannes schrieb, fühlte ich keinerlei Grenzen. Und noch nie hat jemand die Männlichkeit meiner Figuren in Zweifel gestellt. Warum auch? Wir alle werden von Männern und Frauen bewohnt. Sie sind in uns. Ganz zu schweigen davon, dass wir alle von einem Mann und von einer Frau abstammen, wir tragen beide in uns.« Die geradezu zwanghafte Ausrichtung auf das Thema der romantischen Liebe überspringt das, was jeder wahrhaftigen Beziehung eigen ist – ihre holistische Seite, die uns herausfordert, die uns den bequemen, einfachen Singular entreißt, die uns wie ein Wetter in der Innenwelt unserer Existenz erscheint und in die Verwandlung führt, in jenen größeren Raum, in dem die Bildwelt unserer Träume, der radikale somnambule Blick uns in Bewegung halten und ein »Du« ermöglichen. Alles, was sich lohne, so Siri Hustvedt, umfasse Gefühl und Körper. Es sei ein philosophischer Irrtum, zu denken, Freundschaft schließe die sexuelle Anziehungskraft aus. Menschen sei es möglich, intime Freundschaften zu haben und zugleich Momente unglaublicher sexueller Attraktion zu erleben. »Beides existiert zusammen. Vielleicht nicht in einem Moment. Aber doch in der Dynamik einer Beziehung«, so Hustvedt. Und wenn eines stimme, dann, dass die Dinge immer im Fluss sind. Was wir aber am Ende daraus machen, ist das, was sich aus unserer Empfindungswelt heraus ereignet. Wir projizieren einander von innen nach außen und wieder zurück und immer so weiter und so lange, bis wir an den Anfang zurückkehren und uns so sehen müssen, wie es uns manchmal – und auch dort nur selten – in unseren Träumen gewährt wird. Nur in der radikalen Bereitschaft, einsam zu sein, wird uns dieser Blick möglich. Wir können ihn mit anderen Menschen einüben, mit ihm leben können wir nur allein und nur in jenem Augenblick, in dem er zur Handlung wird. Vielleicht ist es uns nur so möglich, anderen wahrhaft nahe zu sein. In dieser inneren Einheit mit uns selbst entsteht das echte Sehen. Im Leben eines Einzelnen genauso wie im Leben eines künstlerisch agierenden, sich geistig bewegenden Menschen. Wenn man aufhöre, sich zu bewegen, heißt es einmal bei der kanadisch-amerikanischen Malerin und Autorin Agnes Martin, sei man kein Künstler mehr. Sie selbst zählt heute zu den wichtigsten Malerinnen der Moderne. »Und wenn du dich von der Position eines anderen bewegst«, sagt Martin, »kannst du schlicht und ergreifend nicht wissen, was der nächste Schritt ist. Ich denke, dass jeder seinen eigenen Ausgangspunkt hat. Ich denke, nachdem man einen Schritt getan hat, geht sich der nächste von alleine. Ich denke, man wird mit einem eigenen Ausgangspunkt geboren. (…) Wir entwickeln uns aus uns selbst heraus, und wir machen das, wozu wir geboren worden sind – früher oder später.«

Agnes Martin verbindet diese innere Verfasstheit des Menschen nicht mit der Impulsivität von Gefühlen, sondern, wie sie es sagt, mit »abstrakten Emotionen«, die für sie deshalb abstrakt sind, weil sie in sich keine Ursache enthalten. Konsequent hat sie versucht, diese Emotionen zu malen. Ihre Bilder beschäftigten sich mit Unschuld und Reinheit oder mit der inneren Freude, die aus sich heraus aufscheint, ohne mit etwas oder jemandem verbunden oder auf einen äußeren Impuls angewiesen zu sein. Ihre Art, nach innen zu reisen steht dem romantischen Ideal der Liebe, die auf ganz bestimmten Gefühlen aufbaut, entgegen. »Selbst-Erkenntnis«, so der Filmemacher Leon d'Avigdor, der ihr ein Porträt gewidmet hat, sei mit Agnes Martins Kunst aufs Engste verbunden und führte sie vom figurativen Malen weg. Ihre bekanntesten Arbeiten sind abstrakt und konzentrierten sich seit Beginn der 1960er-Jahre auf Linien, die quadratische Leinwände zu Gittern oder in Streifen anordnen. Aus dieser Begrenzung, die sie sich selbst auferlegte und die auf mathematisch präzisen Berechnungen beruhte, schöpfte sie ein malerisches Universum voller Stille und Schönheit. Vorbildern eiferte sie nicht nach und versuchte stattdessen, zu ihrer eigenen inneren Quelle vorzudringen, die sich ihr in kontemplativer Versenkung zeigte und die sie in ihren sanft aufscheinenden Farben transzendierte. Wenn wir heute ihre Bilder ansehen, die sie erst spät, im Alter von zweiundvierzig Jahren, anfing auszustellen, bilden wir Blickfamilien und tragen die von ihr erschauten Landschaften in unserem eigenen Sehen weiter, in unser Leben, zu den Menschen unseres Lebens – zu jenem hellsichtigen inneren Zeitort, der auch im Traum da ist. So könnte auch für den schöpferischen Blick und das Sehen das gelten, was Walter Benjamin in seiner Miniatur »Traumriegel« über die Gedanken sagt, wenn er notiert: »Gedanken wirken oft weniger durch das, was sie sagen, als durch den Augenblick, in dem sie zu uns kommen.« In luziden Momenten, in denen das Verstehen uns versteht und die Erinnerungen uns sehen, bündelt sich unser ganzes Leben, so, wie es auch oftmals schwer kranken oder sterbenden Menschen geschieht. Jählings sehen wir dann alle Wesen, die zu uns gehören, die uns geprägt und geformt haben, die uns als Zumutung und als Freude begegnet sind oder – aus dem Leuchten heraus gedacht – die uns einmal als Summe unserer Möglichkeiten begegnet sein werden. Ähnlich wie es Arjeta Filipo in meinem Roman »Kirschholz und alte Gefühle« erlebt, zeigt sich in diesen wie geistig abfotografierten Seinsstufen auch Walter Benjamin ein Paris, in dem er »Urbekanntschaften« erkennt: »Ich denke an einen Nachmittag in Paris, dem ich Einsichten in mein Leben verdanke, die blitzartig, mit der Gewalt einer Erleuchtung mich überfielen. Eben an diesem Nachmittag war es, dass meine biographischen Beziehungen zu Menschen, meine Freundschaften und Kameradschaften, meine Leidenschaften und Liebschaften in ihren lebendigsten Verflechtungen sich offenbarten. Ich sagte mir: es musste in Paris sein, wo die Mauern und Quais, der Asphalt und der Schutt, die Gatter und Squares, die Passagen und die Kioske uns eine so einzigartige Sprache lehren, dass unsere Beziehungen zu den Menschen in der uns umfangenden Einsamkeit, unserem Versunkensein in jene Dingwelt, die Tiefe eines Schlafs erreichen, in welcher das Traumbild sie erwartet, das ihnen ihr wahres Gesicht offenbart.«

Das ungeschützte Antlitz macht den Menschen erst zum Menschen. Aus der Selbstwerdung heraus, aus dem So-geworden-Sein wie wir wirklich sind, erscheinen uns die Freundschaft und die Liebe nicht mehr nur als das Rettende, sondern als die natürliche Verlängerung einer inneren Nacktheit und Verletzlichkeit, die wir nur dann in unserem Gegenüber und in einer Begegnung aufspüren können, wenn wir sie in uns selbst verwirklicht haben. Einmal in diese Mündigkeit vorgedrungen, werden wir Anteil an jenem jungen Denken haben, das uns als ganze Wirklichkeit begegnet. An dieser Stelle möchte ich noch auf den Künstler Christo zu sprechen kommen, der mir, wie es scheint, sein Leben lang dieses junge Denken praktiziert und der einmal folgendes Credo geäußert hat: »... nicht vom Weg abkommen, keine Kompromisse, keine Zugeständnisse, keine halben Sachen.« Er selbst, sagt Christo, sei keine Sekunde in seinem Leben davon abgekommen. Nach seiner Flucht aus dem kommunistischen Bulgarien war er sechzehn Jahre lang ein Staatenloser. Diese Position eines Außenstehenden hat sein ganzes weiteres Leben, seine Kunst und die Zusammenarbeit mit seiner Frau Jeanne-Claude geprägt. Staatsangehörigkeit, so Christo, »ist für mich etwas rein Bürokratisches. Identität ist jedoch das, was du bist. Meine Identität ist Christo, das ist alles, und niemand kann mir das nehmen«. Wie kann man sich nicht mit einem solchen Menschen verwandt fühlen? Für mich ist diese Wahl so natürlich wie mein Leben, eine Wahl, zu der mich niemand zwingt, die mich aber auf einem Weg stützt, auf dem uns Währungen, Pässe und Sicherheiten aller Art jederzeit entrissen werden können. »Ich weiß, was es heißt«, sagt Christo, »ein Flüchtling zu sein, auch ich bin durch die Wälder gelaufen.«

Und wir? Können wir auf unser Leben sehen, auf es zurückschauen und uns auf diese Weise von ihm sehen lassen? Was wissen wir von unserem

Leben? Durch welche Wälder werden wir einmal gelaufen und mit wem danach verwandt sein? Was wird uns helfen, wenn uns selbst die Bücher nicht mehr helfen? Nur das Wagnis einer selbst gewollten Innenschau wird uns dabei stützen, einen Blick auf uns selbst aus der Zukunft zu wagen, ohne an ihm, diesem Zukunftsblick, zugrunde zu gehen, wenn wir von dort aus auf uns selbst sehen und sagen können: Dieser Mensch werde ich einmal geworden sein, ein Mensch, der verwandt ist mit dem Leben, mit der Freiheit – mit sich selbst. Nur so wird es möglich sein, das zu entlarven, was Imre Kertész kurz vor seinem Tod in seinen letzten Aufzeichnungen so treffend als das »leere Puppenspiel des Lebens« bezeichnet hat und hinter dem sich, wie er es sagt, »das spürbare Zeichensystem einer tieferen Mahnung« verbirgt.

Erst wenn auch die Zeit Offenbarung wird, wird uns das sprechende Nichts zuteil. Andernfalls verstecken wir uns mitten im Leben in unseren zementierten Rollen und können so nicht das wählen, was uns in Wahrheit von Anbeginn zusteht. Oder, wie es James Baldwin sagt: »You don't realize that you're intelligent until it gets you into trouble.« Ein freies Denken ohne Turbulenzen kann es nicht geben.

Literatur:

James Baldwin, *Collected Essays*, New York 1998.
– *The Last interview and other Conversations*, Brooklyn – London 2014.
Walter Benjamin, *Träume*, Frankfurt a. M. 2008.
Christo im Gespräch mit Louis Lewitan: »Ich war sechzehn Jahre ein Staatenloser«, *ZEIT Magazin*, 03.04.2017.
Ricard E.Cytowic, *Farben hören, Töne schmecken. Die bizarre Welt der Sinne*, Berlin 1993.
Elias Canetti, *Über Tiere*, München 2002.
Daniele Giglioli, *Die Opferfalle. Wie die Vergangenheit die Zukunft fesselt.* Aus dem Italienischen von Max Henninger, Berlin 2016.
Natalia Ginzburg, *Es fällt schwer, von sich selbst zu sprechen, aber es ist schön. N. G. in Selbstzeugnissen.* Zusammengestellt und aus dem Italienischen übersetzt von Maja Pflug, Berlin 2001.
Andrew Harvey, *Die Lehren des Rumi. Weisheiten des Herzens.* Aus dem Englischen von Giovanni und Ditte Bandini, München 2004.
Siri Hustvedt, »›Warum lieben sich Menschen? Ich habe keine Ahnung.‹ Im Gespräch mit Susanne Meyer«, in: *ZEIT* vom 02.11.2011.
– *Leben, Denken, Sprechen. Essays.* Aus dem Englischen von Uli Aumüller und Erica Fischer, Reinbek 2015.
Imre Kertész, *Der Betrachter. Aufzeichnungen 1991–2001.* Aus dem Ungarischen von Heike Flemming und Lacy Kornitzer, Reinbek 2016.
Donald Kuspit, *Ein Gespräch mit Louise Bourgeois.* Aus dem Englischen von Volker Ellerbeck, Bern 2011.
Nancy Princenthal, *Agnes Martin. Ihr Leben und Werk.* Aus dem Englischen von Agelika Franz, Bern 2016.

Arnold Schönberg, *Schöpferische Konfessionen*, Zürich 1964.

Patti Smith, *Traumsammlerin*. Aus dem Amerikanischen übersetzt von Brigitte Jakobeit, Köln 2016.

Marleen Stoessel, *Aura – das vergessene Menschliche. Zur Sprache und Erfahrung bei Walter Benjamin*, München 1983.

– »Der siebte Sinn oder Die Zwölf ist ein Löwe«, in: *Sinn und Form*, Juli/August 2015.

Tomas Tranströmer, *Die Erinnerungen sehen mich*. Aus dem Schwedischen von Hanns Grössel, München 1983.

In Bewegung – die erwachenden Frauen

Innen und außen treten irgendwann in der Existenz eines jeden Menschen so stark miteinander in Berührung, dass sie sich aneinander reiben. Funken sprühen. Ein neues Feuer wird entfacht. In diesem Augenblick wird man als Mensch gleichsam von der äußeren, messbaren Zeit in die inneren Stunden eingeschleust und in einem neuen Uhrwerk geöffnet. Die Zeiger unserer seelischen Landschaft bewegen sich zunächst in uns wie in einem fremden Alphabet. Das Staunen nimmt überhand. Befremdet und infrage gestellt, stehen wir so, der Sprache beraubt, vor den Forderungen unseres Innenlands nach einer Reparatur. Wir haben Einsicht in unsere Zusammensetzung erhalten. Das Uhrwerk wird hörbar. Eine Weile sind uns beide Welten zeitgleich zugänglich. Sie existieren wie zwei Zeitzonen in verschiedenen Weltebenen in einem selbst. Langsam verebbt die Lautstärke der Welt, und es wird möglich, deutlicher nach innen zu hören und sich von dort aus neu zu entwickeln. Neu gewendet können wir jetzt direkter auf andere Menschen zugehen. Sich zu bewegen wird von nun an nicht mehr nur eine Frage des Körpers sein können, auch der Geist, das ganze Uhrwerk, muss sich beteiligen. Es kommt zur Hingabe an den Augenblick, an die Schönheit auch des Allergewöhnlichsten – denn dann ist alles an seinem Platz, das Ohr leitet uns an, diesen Platz zu erhören, und das Auge zeigt uns einen größeren Zusammenhang. Verbindungen zwischen den Dingen und Menschen werden offenbar, die zwar die ganze Zeit da waren, die wir aber bis zu diesem Moment nicht wahrgenommen haben. Aber was meint »die ganze Zeit«? Gibt es eine halbe Zeit? Eine andere Zeit? Eine Über-Zeit? Zeitverkleidungen? Der Zusammenhang selbst beantwortet uns die Frage in Momenten tiefster Verletzlichkeit, mit unseren Verlusten werden wir des Größeren gewahr. Wir erwachen und erkennen im kleinsten Fraktal ein großes, gütiges Mosaik. Der Blick zurück zeigt: dem Liebeskummer, den Krankheiten, Nöten und Schmerzen zum Trotz konnte uns niemand unseren Platz im unermesslichen Gemälde der Welt streitig machen. Dennoch haben wir uns im Mosaik bewegt und wissen nun, nicht nur wir selbst bewegen uns, sondern es wird im Augenblick unserer Bewegtheit auch das ganze restliche Bild mitbewegt. Das erklärt auch, warum es so schwer ist, ein inneres Muster in uns selbst zu verändern. Wir verändern damit auch das uns umgebende Bewusstsein. Wir sind nie nur ein Singular. Wir sind Partikel und Einsprengsel in der vielfach uns umtanzenden Gravitation. Während wir unser Leben durcharbeiten, arbeiten wir auch zumindest in Schnittmengen die anderen Leben durch. Die Koordinaten, in denen wir uns bis zum Augenblick der notwendig gewordenen Veränderung eingerichtet hatten, fangen an, sich zu verschieben. Neue Verbindungen entstehen. Eine überirdisch starke Lunge lenkt unseren Atem, wir müssen mit den verschobenen Blickwinkeln und den daraus entstandenen Folgen neu leben lernen. Wir können diese neue Lunge nicht mit unserem Willen aus der Welt schaffen. Der Atem wird immer stärker sein als unsere Ideen. Die neue Lunge ist das in uns pochende kompromisslose Leben. Vertrauen wir uns ihr an, erlangen wir einen neuen Atem, der uns an eine andere Sprache heranführt, in eine andere Talschaft, die mit Nebentälern verbunden ist und in der die Zusammenhänge nicht nur in der sichtbaren Welt verwaltet werden. Patti Smith beschreibt einen solchen alles verändernden Augenblick in ihrem Leben, der für sie mit dem Tod von Robert Mapplethorpe einherging, mit dem sie eine langjährige innige persönliche und künstlerische Beziehung verband. In ihrem Buch »Just Kids« spricht sie darüber und nennt sie die »Geschichte einer Freundschaft«: »Das Licht fiel durch das Fenster auf seine Fotografien und uns beide, wie wir in poetischer Komposition ein letztes Mal nebeneinander saßen. Der sterbende Robert: Stille erschaffend. Ich, die bestimmt war, weiterzuleben, auf eine Stille lauschend, die auszudrücken ein ganzes Leben erfordern würde.«

Die Freundschaftsschnur des Lebens ist radikal und verlangt von uns, dass wir als Astronauten unserer selbst erwachen. Jedem bewusstseinsfördernden Schweben eilt ein Verlust voraus. Dieses Erwachen ist das Gegenteil einer Sensation, die lautstark auf sich aufmerksam macht. Es ermächtigt uns ganz leise von innen und vollzieht sich in großer, lang gezogener Stille. Das Staunen, das mit ihr einhergeht, müsste fast Schmerz genannt werden, zeigte es nicht auf, dass der Einzelne eben nicht nur allein ist, sondern immer eingewoben in das, was Albert Einstein einmal mit dem Universum in Beziehung brachte, als er sagte, ein menschliches Wesen sei Teil dieses Ganzen und erfahre in einer Art optischen Täuschung des Bewusstseins sich selbst, seine Gedanken und seine Gefühle als vom Rest Getrenntes. Der Tod ist Mittler der Ganzheit für uns, die wir noch leben, er zeigt uns in Augenblicken sirrender Nähe, wie wir dieses Gefühl des Getrenntseins überwinden können. Oft schon hat mich der Tod an die schwebenden Astronauten denken lassen, die aus dem Weltall auf den blauen Planeten sehen und die der Schönheit wegen, die sich ihnen dort zeigt, weinen müssen, weil sie aus dieser Perspektive – die ihnen das Oben und das Unten, den Norden, den Westen, den Süden und den Osten genommen hat – die Vollkommenheit und das Wunder der Erde sehen, es als Bild im Bild, als Welt in der Welt, als Universum im Universum erkennen können. Nur ein neuer Mensch, der in unser Leben tritt, vermag das Gleiche in uns zu erreichen.

Die Stille, von der Patti Smith spricht, ist für mich ein solcher Ort in unserem Geist, der beim endgültigen Abschied von einem vertrauten Menschen unvermeidlich entsteht. Was können wir überhaupt vermeiden? Was können wir wissen? Ich erinnere mich selbst an einen umstürzlerischen Augenblick in meinem eigenen Leben, in dem der Tod mir zum ersten Mal im Gesicht eines sanftmütigen Menschen begegnete. Ich war fünf Jahre alt und wurde vom anderen Ende des Dorfes von meinem Großonkel an sein Sterbebett gerufen – jemand kam mich zu Fuß holen, ein Telefon hatten wir nicht, es hieß, mein Verwandter liege im Sterben und könne nicht gehen, ohne mich vorher noch einmal gesehen zu haben. Ich lief über die Gärten und durch ein Wäldchen, so schnell ich nur konnte, außer Atem stand ich dann vor seinem lächelnden Gesicht. Da sagte er mir meiner Erinnerung nach zum Abschied diesen merkwürdigen Satz, der mich seither begleitet hat: »Das Leben ist eine Orange.« Dann starb er, und der Raum, in dem er lag, wurde so leise, als hätte gerade jemand die Luft in ihm ausgetauscht. »Das Leben ist eine Orange.« Es war das Rätselhafteste, das ich bis dahin gehört hatte. Diesen Satz über die Orange habe ich nie vergessen, obwohl ich mir nicht mehr sicher bin, ob er ihn wirklich gesagt hat oder ob er in mir ohne Worte entstanden ist, so, wie ein Lächeln entsteht, wenn ich in die Augen meines Kindes sehe. Bis heute denke ich nie an den Tod in dunklen Farben. Ich denke an den Tod wie an eine leuchtende Orange, in diesem unbändig starken Farbton, der die Sonne und den Sommer und all die Vogelgesänge der warmen Jahreszeit in sich abgespeichert hat, bevor die pralle Frucht geerntet wird, im Herbst, wenn wir uns vor dem Winter zu fürchten beginnen. Wird es mir helfen, mich weiterhin das Große lehren, dieses leuchtende Orange, wenn auch die Allernächsten von mir gehen?

Ich habe mich immer gefragt, wie wir es den Orangen und den Astronauten gleichtun können, welchen Weg wir in unserem Innenraum nehmen müssen, um auf uns selbst wie auf einen fremden Planeten zu schauen, auf eine noch zu erntende Frucht, deren Vollkommenheit wir noch nicht kennen. Es gibt wohl dafür nur einen Weg: das Wagnis der eigenen Sanftmut auf sich zu nehmen und den Versprenkelungen des Mosaiks zu vertrauen, dem ganzen Bild, seinem Überblick, seinem Wissen, gerade dann, wenn es sich uns vollständig entzieht. Wer kann sein Leben planen? Jeder Mensch, der einmal einen allzu genauen Plan gefasst hatte, musste irgendwann die Erfahrung machen, dass er dabei von eben diesem Plan unterwandert wurde. Das uns zur Verfügung Stehende, das, was wir wissen, können wir weder im Leben noch in der Kunst ungestraft wiederholen. Die Wahrheit ist kein Glaube, kein sinnentleertes Gebet, das man aufsagt, um es aufgesagt zu haben. Die Wahrheit ist die ganze Wirklichkeit des Menschen. Die zu suchende Neuschöpfung im Leben und in der Kunst verbindet uns mit dem geheimnisvollen orangefarbenen Weltinnenraum, mit jener wirksam arbeitenden und unsichtbaren Quelle in uns, die uns weder die Einsamkeit noch die Dunkelheit erspart. Nur wer sich allen Abtönungen seines Innenlebens stellt, erfährt von den Sprüngen im eigenen Geist, die alles verändern. Wenn wir aufhören zu warten und uns dieser stillen Quelle in uns selbst anvertrauen, fängt die Arbeit am eigenen Leben an. Die Ersten, die mit dem bleiernen Warten aufhören müssen, sind die Frauen, von ihnen hängen die Anfänge ab. Ihr Warten und Abwarten bestimmt nicht nur ihr eigenes, sondern auch das Leben der anderen. Wenn die Frauen aufbegehren, entflammt zwangsläufig auch die sie umgebende Welt. Etel Adnan hebt diesen Aspekt in einem ihrer Texte über »Städte und Frauen« hervor und kommt in diesem Zusammenhang auf Penelope und Odysseus zu sprechen: »Warten bestimmt das Schicksal dessen, auf den wir warten. Mallarmé verglich Odysseus mit Helios und schrieb, die Sonne könne nicht von dem ihr vorgeschriebenen Kurs abweichen, weder bei Tag noch bei Nacht.

Deshalb kann Odysseus nicht zurückkehren. Er wird von Penelopes Warten ›programmiert‹. Das kehrt alles um: so bestimmt das Ziel den Flug des Pfeils.«

Wenn die Frauen ihre Warteposition aufgeben und damit aufhören, den Flug des Pfeils zu programmieren, der dem männlichen Pfad und Blick folgt, verändern sie nicht nur ihr eigenes Sein, sondern auch den Sonnenposten all der anderen Menschen, mit denen sie in Berührung kommen. Sie selbst müssen dann nicht mehr warten, sondern können und dürfen das sein, was sie schon sind. Das Warten verstaubt uns die inneren Augen. Erst nach der erlangten Bereitschaft zu sehen, können wir den nächsten Schritt tun, der sich aus unserem Denken und unseren inneren Ideen ergibt. Dafür bedarf es der Imaginationskraft. Ideen sind verwandelte Sorgen. Niemand, der einmal eine Vorstellung von Freiheit entwickelt hat, kann sich erlauben, das eigene Leben den Imaginationen anderer zu überlassen. Von den erwachenden Frauen hängt das Gleichgewicht der Welt ab. Etel Adnan bezeichnet das Warten als eine heimtückische Waffe. Sie richtet sich gegen die Wartenden, die nicht zu ihrer eigenen Vorstellungskraft durchdringen können. Was für die Kunst und für ein Kunstwerk gilt, muss erst recht für das Leben des Einzelnen gelten. Die Imagination ist astronautisch wichtig und orange ist das bewegte Leben, das glüht und bebt. Das bloße Warten hingegen ist die Wiederholung und Zementierung einer nie genau benannten und immer nur im Vagen belassenen Sehnsucht, die keinen Ersatz zulässt. Dieses Warten kennt die Orangen des Lebens nicht. Es ist nie in den Weltinnenraum gereist, sondern hat sich an seinem äußersten Ring einsperren lassen und sieht nun bloß aus dem Fenster zur Welt. Das Warten meidet die Welt und sperrt sich in ihr ein. In der Bewegung liegt eine große Kraft, sie geht uns in allem voraus und führt mit dem allwissenden Mosaik ein Gespräch, ist in reiner Berührung mit jenem »großen Gedächtnis«, das die italienische Schriftstellerin Marisa Madieri 1947 in einer Grenzsituation als Synonym für Gott benutzt. Als Angehörige der italienischen Minderheit wurde sie mit ihrer Familie aus der heute kroatischen Region Istrien vertrieben. Innerhalb weniger Wochen verlor sie alles, was sie besaß. Wenn man vertrieben wird, verliert man nicht nur Hab und Gut, man verliert auch die Bäume, die Menschen, die Tiere, die Straßen, die Gesichter, das Aroma eines frischen Morgens, den einen vertrauten Ausblick auf den Himmel, die Freundschaft mit den Regentropfen. Und doch ist es genau der Verlust, der die in uns eingeschriebenen Sommer und die Winter, die zum eigenen Leben gehören, sichtbar macht, der die bunten Mützen der Kindheit wieder hervorholt, das Wunder der Schneeflocken, die uns erzählen, wer wir durch unser Sehen geworden sind. Das ist die unsterbliche Seite des Lebens, niemand kann sie uns wegnehmen. Man verliert dennoch viel, die ersten Winde, die an einem bestimmten Ort nur auf die eine Weise wirksamen Elemente. Die Vögel. Das Rauschen des Windes. Man verliert auch eine erste Musik des Lebens, die eigene erste Lebensmusik, zu der das manchmal sanfte und manchmal beharrliche Anklopfen der Regentropfen gehört. Madieri verließ, wie sich herausstellen sollte, ihre Geburtsstadt Fiume (das heutige kroatische Rijeka) für immer. Dieses Für-Immer war und blieb eine lebenslange Setzung auf der Landkarte ihrer Seele. Es löschte jäh das Alte. Doch diese Auslöschung setzte das Neue, ihre Innenwelt, frei. Die große Geschichte packte ihr zwar die Koffer, aber ihre Worte behielten die Farben der Kleider genau im Auge.

Ein Jahr zuvor waren sowohl meine Mutter als auch Patti Smith zur Welt gekommen. 1946 war ein kaltes Jahr. Meine Mutter erblickte noch im leuchtenden September ihrer herzegowinischen Heimat das Licht einer Welt, in der nur kurze Zeit zuvor Ante Pavelić' kroatische Faschisten erbarmungslos gewütet und in der Benito Mussolinis italienische Faschisten ihrem Terrorregime zugearbeitet und alles an sich gerissen hatten, was auch nur annähernd essbar war. Die Menschen litten schrecklichen Hunger. Von diesem Hunger wurde mir immer erzählt. Er sei so nagend gewesen. So erbarmungslos. Auch die Tiere waren ihnen fast alle von den italienischen Besatzern weggenommen und vor ihren Augen geschlachtet worden. Und nur langsam wuchsen die Tiere mit ihren treuen Blicken in jenem Jahr wieder heran, in dem meine Mutter diesen schrecklichen Hunger litt, sie, und nahezu alle anderen Menschen in Europa, die den Krieg überlebt hatten oder die auch kurz nach Kriegsende geboren wurden. Während ich diese Zeilen schreibe, begreife ich, dass die Hast, mit der meine Mutter immer mehrmals am Tag aß, mit eben diesem, sie in ihrer Kindheit in den Wahnsinn treibenden Hunger zu tun gehabt haben müssen. Es war schwer für mich als Kind, diesen Anblick zu ertragen, ihr Außer-sich-geraten-Sein zu erleben, wenn sie so unvorstellbar hungrig war, wenn sie so schnell und so viel auf einmal aß, dass es für eine ganze Kompanie gereicht hätte. Manchmal schlachtete sie sogar in unserem hessischen Badezimmer ein Huhn, weil, wie es hieß, nur ein so frisch geschlachtetes Tier alle guten Dinge in sich trug, die man brauchte, um gesund zu sein und es zu bleiben. Ich verabscheute es, das Blut der Tiere von den Fliesen zu wischen, wenn meine Mutter schon mit der Zubereitung der Suppe beschäftigt war. Ich glaube, sie wusste, dass ich mit den Tieren litt. Ihr war aber nicht klar, dass ich sie selbst deshalb Jahre später nicht mehr essen wollte. Aber sie konnte nicht wissen, dass ich an die Tiere glaubte, so wie andere eben an Gott glauben. Für mich gehören die Tiere zu Gott. Aber ich machte mich lächerlich. Auch über meine Liebe zu den Eseln wurde gewitzelt. Es half alles nichts. Sie schlachtete die Tiere, ich musste das Blut wegwischen. Die ersten Hungerjahre im Leben meiner Mutter, die abgründige Not der Nachkriegszeit haben sie manchmal blind für ihre Umgebung gemacht. Ich war manchmal diese Umgebung. Ohne es zu wissen, bin ich in ihre Hungerjahre hineingeraten, ich, ihre erste Tochter, die kein Sohn geworden war und die als erste Frau in unserer Familie das zermürbende Warten aller Frauen in unserer Verwandtschaft aufgab und die deshalb als schwarzes Schaf gilt, als Verräterin. Neben dem einen Hunger muss aber in meiner Mutter auch noch der andere Hunger, der über allem stehende Hunger nach Freiheit existiert haben. Sie hat ihr Leben lang diesen beiden Hungerarten auf jeweils andere Weise zugearbeitet, sie vermehrt und am Ende nie überwunden. Der Hunger des Magens und der Hunger der Sehnsucht nach einem anderen Leben sind beide mit den Jahren gewachsen und gewachsen. Jetzt muss ich meiner Mutter nichts mehr verzeihen, weil sich im Verstehen ihres Hungerplurals alles von alleine verzeiht. Außerdem weiß gerade ich allzu genau, wie schwer es ist, aus dem Wartestand auszutreten, dem besiegelten Schicksal den Rücken zu kehren und dem eigenen Leben eine selbstbestimmte Richtung zu geben. Manchmal spüre ich förmlich, wie ich mich Schritt für Schritt mit den Jahren aus meiner konkreten Biografie lebend herausschreibe und Anfängerin meiner selbst werde. Meine Tochter hilft mir dabei; jedes Mal, wenn sie ihren eigenen Willen zum Ausdruck bringt, bin ich glücklich. In diesen Augenblicken weiß ich, dass ich jetzt frei von den Forderungen der ersten mentalen Zone meines Lebens bin, weil sich meine innere Stunde zu entfalten begonnen hat. Auszutreten aus der Zeit und den kollektiven Maßregelungen der anderen, das ist das größte Spiel meines Lebens. Noch immer übe ich mich darin in meiner mir gegebenen eigenen Zeit. Aber es ist schon hier, mein Leben. Ich habe meinen eigenen Wind, meine eigenen geistigen Elemente, ich habe mein eigenes Meer, ich verdiene mein eigenes Geld, nachdem ich mir mein eigenes Zimmer erobert habe – denn nach dem eigenen Zimmer kommt die eigene Zeit und in der eigenen Zeit kommt das eigene Geld. Ich fühle, dass dieses Geld nicht die Währung ist, in der wir alle zahlen, es ist mein den Anfang huldigendes eigenes Leben, mein Vertrauen in den allmächtigen, großzügigen Fluss der menschlichen Existenz, in die Weite des großen Raumes und in die Großzügigkeit des Großen Gedächtnisses. Es versteht sich von selbst, dass ich den notwendigen Umweg über den Mangel und die Ausgesetztheit nehmen musste, um so etwas überhaupt aussprechen zu können. Ich kenne die Angst, aber ich gehöre ihr nicht an, auch höre ich ihr nicht mehr zu. Dennoch bin ich manchmal für Momente immer noch das Kind, das auf sich allein gestellt ist, auf der Suche nach einer Tür, die sich ihm selbsttätig öffnet. In solchen Augenblicken umkreise ich lange ein schönes Restaurant, bevor ich es schließlich irgendwann betrete. Umkreise ein Viertel, bevor ich es erkunde. Umkreise einen See, bevor ich in ihm schwimme. Umkreise einen Menschen, bevor ich ihm dann doch zeige, dass ich ihn mag. Die Umkreisungen sind meine Lektüre. Sie werden kürzer mit den Jahren. Manchmal gelingt es mir, das Schöne schnell zu lesen und rasch auf es zuzugehen. Dann weiß ich wieder, dass ich ein Mensch bin, der den richtigen Weg gefunden hat oder von ihm gefunden worden ist. Ich weiß nicht, ob es stimmt, aber manchmal kommt mir der Gedanke, dass meine schüchternen Umkreisungen vom Hunger meiner Vorfahren rühren, dass der Hunger sie und nun auch mich Umwege machen lässt, die ein satter Mensch nicht kennt. Der Hunger hat uns in unserer Familie immer auf den Weg gebracht, zu neuen Pässen, zu weit entfernten Ländern, zu neuen Sprachen, zu den Arbeitsstellen, die andere nicht annehmen wollten, wir aber annehmen mussten. Wir sind dabei nie den direkten Weg gegangen, wir wussten nicht, wie man sich Dinge nimmt, die man liebt. Wir haben immer viel dafür tun müssen, um das Brot zu verdienen, das uns und unsere Kinder satt gemacht hat. Wir haben erst lernen müssen, auf diesen Umwegen das Leben, die Menschen und uns selbst zu lieben. Das war das Fremde an sich, nicht die neue

Umgebung, nicht die neue Sprache. Das Fremde war unser neues Leben, der allmählich in ihm gewachsene Wunsch nach einem eigenen freien Selbst.

Wie meine Mutter, so litt auch Patti Smith in ihrem jungen Leben Hunger, aber das war viel später und obwohl es Hunger war, war es ein vollkommen anderer und sogar freiwilliger Hunger, weil Patti Smith als Künstlerin leben und sich in New York mit ihrer schöpferischen Kraft bewähren wollte. In New York traf sie durch eine schicksalsmathematisch betörende Fügung auf ihren Lebensfreund Robert Mapplethorpe, dem sie bis zu seinem frühen Tod innerlich nah und auf eine besondere Weise treu blieb. Patti Smith erblickte das Licht der Welt am 30. Dezember 1946, während eines großen Blizzards, wie sie es sagt, der ihr aber nicht einen so argen Hungerwinter einbrachte wie jenen, den meine Mutter und die Menschen im Europa der Nachkriegszeit erlebten. Ihr Vater musste aber, da man aufgrund von Schneegestöber nichts mehr sah, immerhin den Taxifahrer mit offenem Fenster zum Krankenhaus lotsen, während ihre Mutter schon in den Wehen lag. Es war ein Schneesturm, der sich Patti Smith Jahrzehnte später als eine Art sprechendes Lebensmuster wieder in Erinnerung rufen sollte. Sie selbst weist auf diesen Schnee im Zusammenhang mit ihrem Auftritt zu Ehren von Bob Dylan in Stockholm hin. Noch bevor bekannt geworden war, wer 2016 den Literaturnobelpreis erhalten sollte, war sie eingeladen worden, dort eines ihrer Lieder zu singen. Als sie dann hörte, wem die Ehrung zugesprochen werden würde, entschied sie sich dafür ein Lied von Bob Dylan zu singen: »A Hard Rains Gonna Fall«, das ihr selbst zu einem seelischen Wetter wurde, mit dem sie nicht gerechnet hatte.

Seit ihrem sechzehnten Lebensjahr hörte und liebte sie die Musik von Bob Dylan, und in einem Moment, in dem es darauf ankam, eines seiner Lieder sprichwörtlich für die ganze Welt zu singen, blieb ihr zwar nicht die Stimme weg, aber sie musste mitten im Lied aufhören zu singen, weil sie, wie sie es sagt, die Worte nicht herausbrachte. Wie sie selbst später in einem Text im »New Yorker« schrieb, war sie in die Lage geraten, dieses Lied nicht nur zu performen, sondern es in diesem Moment selbst leben zu müssen. Die Zeilen: »I stumbled alongside of twelve misty mountains« und »And I'll know my song well before I start singing« waren ihr regelrecht als Erfahrung auferlegt, als sie nicht weitersingen konnte und innehaltend um Entschuldigung bat. Sie hatte die Worte an sich nicht vergessen, war aber, da sie die gesamte Situation (wie etwa die Anwesenheit des schwedischen Königspaares) wahrnahm, mit einem Mal nicht in der Lage, die Zeilen laut auszusprechen. Ihr Stolpern hatte etwas zutiefst Würdevolles. Ein mystischer Augenblick in ihrem Leben. Aber erst später, in der Verschmelzung mit anderen Lebensmomenten und aus der Rückschau, wurde er für sie als solcher lesbar. In jenem Moment der Ausgesetztheit hört man sie auf der großen schwedischen Bühne einfach nur sagen: »I apologize, I am so nervous.« Ihre Anspannung ist auch deutlich im Publikum spürbar. Bemerkenswert dabei ist nicht nur ihre eigene Warmherzigkeit, die sie trotz des Missgeschicks beibehielt, sondern auch die Zugewandtheit der Zuschauer, die ihr genügend Zeit ließen, ihr Lied in Ruhe zu Ende zu singen.

Am nächsten Morgen wurde sie beim Frühstück im Hotel von den Wissenschaftlern gegrüßt, die den Nobelpreis erhalten hatten. Sie zeigten Verständnis für ihr in aller Öffentlichkeit ausgetragenes Ringen. Patti Smith notiert dazu: »They told me I did a good job. I wish I would have done better, I said. No, no, they replied, none of us wish that. For us, your performance seemed a metaphor for our own struggles. Words of kindness continued through the day, and in the end I had to come to terms with the truer nature of my duty. Why do we commit our work? Why do we perform? It is above all for the entertainment and transformation of the people. It is all for them. The song asked for nothing. The creator of the song asked for nothing. So why should I ask for anything?« Aus ihrem Ringen und Hadern mit der Scham und der aus ihr erzeugten Erkenntnis, dass auch dieser peinigende Moment sie mit der tieferen und wahrhaftigeren Ebene ihrer Arbeit verbunden hat, schöpft sie Kraft für eine würdevolle Schlussfolgerung, mit der sie das Stockholmer Erlebnis ad acta legt: »The year is coming to an end; on December 30th, I will perform ›Horses‹ with my band, and my son and daughter, in the city where I was born. And all the things I have seen and experienced and remember will be within me, and the remorse I had felt so heavily will joyfully melt with all other moments. Seventy years of moments, seventy years of being human.«

Schwierige Erfahrungen dehnen die Zeit ins schier Endlose, wir nehmen dann alles wie in Zeitlupe überdeutlich wahr. Dieser Blick von außen auf uns selbst hat etwas Selbstzerstörerisches. Nur die Rückbesinnung auf das Innere und die Gesamtheit unserer Erfahrungen im Verhältnis zur gelebten Zeit ermöglicht uns, wieder freundlich auf uns selbst sehen und in ein größeres Bild eintreten zu können. Das größere Bild ist mit der in uns abgelegten tieferen Zeit verbunden. Siebzig Jahre Menschlichkeit zeugen von einer anderen Perspektive und bringen sie wieder ins Spiel. Aber solange wir in der konkreten Erfahrung stecken, können wir uns ihr nur ergeben. Patti Smith musste diese Erfahrung auf eine andere Weise schon als sehr junge Frau machen, als sie in einer flüchtigen sexuellen Verbindung schwanger wurde. Der Liebesakt, der so zart war, dass sie gar nicht mehr genau wusste, ob es überhaupt einer gewesen war, brachte sie dazu, sich schließlich in ihrer Weiblichkeit anzunehmen und nicht mit dieser zu hadern. Als Mädchen war sie einmal von ihrer Mutter dazu aufgefordert worden, ihren nackten Oberkörper zu bedecken, weil sie ja, wie es hieß, beinahe schon eine junge Dame war. Sie protestierte lautstark und verkündete, nie irgendetwas anderes werden zu wollen als sie selbst. In ihrer Schwangerschaft erkennt sie sofort die Ironie, dass ausgerechnet sie, die weder ein Mädchen noch je erwachsen werden wollte, jetzt mit dieser Schicksalsprüfung geschlagen war. »Ich musste vor der Natur kapitulieren«, hält sie fest. Die Natur habe schließlich mit aller Gewalt recht behalten. Es ist fast ein mystisches Paradoxon, das sich in sie einschreibt und fortan ihr Denken und ihre Poesie beeinflusst. Denn jetzt wird ihr klar, dass sie in ihrer ureigenen Existenz erwacht ist. In dieser Lage begreift sie, dass sie ihr Kind zur Adoption freigeben will und nun ihren Eltern gegenübertreten muss, um mit ihnen aufrichtig ihre Situation zu besprechen. Sie flüsterte dabei wieder ein Gebet. Diesen Augenblick beschreibt sie so: »Für einen kurzen Moment war mir, als müsste ich sterben (…) Eine beinahe unbeschreibliche Ruhe kam plötzlich über mich. Absolute Entschlossenheit verdrängte meine Ängste. Ich schrieb das dem Baby zu und stellte mir vor, dass es sich mit mir solidarisierte. Ich spürte, dass ich alle Fäden in der Hand hatte. Ich würde meine Aufgabe erfüllen und stark und gesund bleiben. Ich würde nie zurückschauen. Ich würde nicht in die Fabrik oder ans College zurückkehren. Ich würde Künstlerin werden. Ich würde mich beweisen und mit diesem festen Vorsatz stand ich auf und ging in die Küche. Ich flog vom College, aber das war mir egal.«

Mit nur ein paar Kleidungsstücken und einigen Fotos ihrer Geschwister brach sie mit einem gelbrot karierten Köfferchen nach New York und in ihr eigenes Leben auf. Erwachen heißt, man selbst zu sein. Und als Patti Smith diesen großen Schritt ins eigene Selbst tat, war sie zwanzig Jahre alt, besaß nicht mehr als das, was sie bei sich trug. Sie kam an einem Montag in New York an: »Es war ein guter Tag, um in New York einzutreffen«, schreibt sie. »Niemand erwartete mich. Alles wartete auf mich.« Irgendwo unterwegs klaute sie ein Buch von Rimbaud. Heute besitzt sie das Haus, in dem der Dichter lebte, dessen Zeilen ganzen Generationen zur Nahrung wurden. So berühren sich manchmal die geistigen und haptischen Koordinaten von Menschen, die mit wilder Zärtlichkeit ihrer Sonne folgen. Es gibt verschiedene Formen des Hungers und des Durstes. An Patti Smith fällt auf, dass sie nie lamentiert, sondern immer genau jene Brücken findet, die ihr helfen, einen Abgrund zu überwinden und einen alten Hunger hinter sich zu lassen. Diese Brücken sind immer Menschen, denen sie vertraut und die sie liebt. So schafft sie rechtzeitig den Sprung aus einem Leid, bevor es ein zerstörerisches Ausmaß annehmen kann. Ihre Direktheit und innere Entschlossenheit, die mit der Wahrnehmung ihres eigenen Befindens zusammenhängen, helfen ihr über Jahrzehnte hinweg, den eigenen Weg zu gehen. Augenblicke wie jener in Stockholm sind eine Ausnahme, sie hat sonst nie diesen zu Gericht sitzenden äußeren Blick auf sich bzw. sie hört sich nicht singen, sondern singt. Sie klagt nicht, sie arbeitet. Ich liebe sie dafür. Arbeit und Freundschaft sind dann auch ihre großen Lebenshelfer, sie bilden und ermöglichen die Struktur ihres schöpferischen Tuns. Nicht eine banale Vorstellung von Glück führt zu Integrität, sondern seelische Offenheit. Dieser frei flutenden Wahrnehmung von sich selbst und der eigenen Lebenswelt ist es am Ende zu verdanken, dass sie in der riesigen Stadt keinerlei Angst empfunden hat. Selbst in ihren ersten Tagen in New York, an denen sie sich draußen einen Schlafplatz suchen musste, mittellos, hungrig, auf der Suche nach verwandten Seelen, blieb sie furchtlos. Und dann begegnete sie schließlich Robert Mapplethorpe, der sie bis heute inspiriert. Zum Zeitpunkt ihrer Begegnung sind sie beide noch vollkommen unbekannte Künstler. Sie werden Liebende und versprechen einander, in turbulenten Situationen nie den anderen im Stich zu lassen. Daran halten sie sich selbst dann, als Mapplethorpe Jahre später anfängt, offen seine Homosexualität zu leben. Sie trennen sich zwar als Paar, aber nie als Menschen. Sie sind aufrichtig. Und urteilen nicht. Sie leben. Sie nehmen sich so an, wie sie sind.

Diesen aufrichtig und im Einklang mit sich selbst gemeisterten Weg beschreibt auf eine andere Weise in ihrem Buch »Anthropologie des Wassers« die kanadische Dichterin Anne Carson. Auch bei ihr geht es um die Kraft der suchenden Bewegung, die augenblickshafte Erneuerung erwirkt und das Innere für die Gehenden sichtbar macht. Sie führt dabei zwei Menschen auf den Jakobsweg zueinander und sagt über Pilger, sie seien Leute, die dem Augenblick ins Auge sehen. Das Paar strandet dabei Schritt für Schritt in seiner eigenen Liebesbeziehung, deren inneres Fluidum immer dringlicher von der äußeren Landschaft gespiegelt wird. »Von Licht zu Licht« durchwandern sie die Berge, und als sie einmal von oben zurückschauen, kommt bei Anne Carson wie bei Patti Smith die mystische Wirklichkeit des inneren Menschen zum Tragen, die das Paar auf dem Gipfel der Berge von Léon gleichsam ins Überzeitliche führt: »Hier machen wir Halt. Wind pfeift die eine Bergflanke hinauf, aus Vorzeiten, Morgenstunden, viel zu fern und reglos jene Morgen dort unten in der Ebene von Léon. ›Irgendwo da unten waren wir Hitze‹, sagt er. ›Irgendwo dort unten waren wir am Ertrinken. Ich stolpere, falle auf einen flachen Fels und schlafe ein, während er wacht. Wölfe kommen und gehen, äsen in meinem Rücken. Bei Sonnenuntergang erheben wir uns und gehen auf der anderen Seite der Berge hinunter. Hinunter. Schlucht und Schlucht, Kehre um Kehre.‹« Purpur, grüne

Inseln und Höhlen aus Abendlicht umgeben das Paar, eine überzeitliche Dimension nimmt samtene Konturen an. Anne Carson verwebt dabei Gedanken berühmter Mönche mit den Erlebnissen des reisenden Paares. Es entsteht eine in alle Sphären ausschwingende Unterhaltung, wie sie auch Patti Smith und Robert Mapplethorpe miteinander geführt haben. Es ist eine Anthropologie der poetischen und der konkreten Geschlechter. Sie beginnt in jenem Moment wie Wasser zu fließen, in dem die Liebenden sich unorthodox und maskenlos miteinander austauschen. Einmal zitiert Anne Carson dabei den Nō-Schauspieler, Musiker und Autor Kan'ami Kiyotsugu: »In der Stadt Kowata | konnte man Pferde mieten, | aber ich liebte dich so sehr, dass ich den ganzen Weg zu Fuß ging.« Und schon setzt die erzählerische Wasserstimme eine neue Bahn im Text frei, als würde nun auch die erwachende Autorin sich mit Kiyotsugu im Gespräch befinden, wenn es heißt: »Also besteigen wir noch einmal das Dach der Welt. Steil hinauf den steinigen Ziegenpfad zum Pass von Cebreiro, wankend und keuchend, schweißüberströmt und staubverklebt. Oben plötzlich ein Wind, weit und kalt wie ein Fluss. Schau zurück – wie zu unseren Füßen alles fortgesogen wird, tausend Meilen schnurstracks bergab und zurück bis zu jenem Morgen, an dem wir aufbrachen, jenem schönen hellen Morgen im elften Jahrhundert, an dem wir noch offensichtlich sehr jung waren (…).«

Auf welche Zeit und welches Jungsein spielt Anne Carson hier an? Es ist eine ganz andere Jugend als die, die Patti Smith ins Erwachen gestoßen hat. Dennoch ist jedes Ankommen in sich selbst mit der Vorgeschichte aller Menschen verbunden, auch mit der Reife der Seele, über die Etty Hillesum, die als holländische Jüdin in Auschwitz ums Leben kam, einmal festhält: »Das Alter der Seele ist ein anderes als das Alter, das im Standesamt eingetragen ist. Ich glaube, dass die Seele bei der Geburt bereits ein bestimmtes Alter hat (...) Man kann auch mit einer tausendjährigen Seele geboren werden (...) Ich halte die Seele für jenen Teil des Menschen, der ihm am wenigsten bewusst ist, vor allem bei den Westeuropäern, ich glaube, dass der östliche Mensch viel stärker mit seiner Seele ›lebt‹. Der Mensch des Westens weiß nicht viel mit ihr anzufangen und schämt sich seiner Seele, als wäre sie etwas Unsittliches.« Diese Zeilen notierte Etty Hillesum 1943, nur kurze Zeit danach wurde sie und ihre Familie nach Auschwitz deportiert. Doch bis zum Schluss bleibt sie mit der innerseelischen Dimension verbunden und lässt sich, ähnlich wie Simone Weil, das geistige Erkennen von keiner äußeren Gewalt nehmen.

Als die Judenverfolgung auch in Holland einsetzte, war Etty Hillesum Studentin der Slawistik und Psychologie. Sie wollte Schriftstellerin werden, schreiben und die Welt mit Worten erfassen. Während sie gewissenhaft Dostojewski und Rilke studiert und sich mit der Tiefenpsychologie und Psychoanalyse von C. G. Jung und Sigmund Freud beschäftigt, bricht die ihr vertraute Welt in sich zusammen. Den holländischen Juden wird sogar das Fahrradfahren verboten. Unbeirrt liest, fühlt und denkt sie weiter. Sie nimmt sogar ihr russisches Wörterbuch mit ins Lager. Ein von einer Freundin gestrickter Pullover erscheint ihr genauso wichtig wie ein weiteres Buch. Arbeit an sich selbst, am eigenen Leben, an der Empfindungsfähigkeit sind ihr nach wie vor genauso erstrebenswert wie die Freundschaften zu den Menschen ihres Lebens. Sie ist sich über ihr Schicksal durchweg im Klaren, dennoch arbeitet sie weiter und befragt sich radikal: »… könnte ich meine Arbeitsmethode mit der selben Überzeugung und Hingabe fortsetzen, wenn ich mit acht hungrigen Menschen in einem schmutzigen Zimmer wohnen müsste? Denn diese geistige Arbeit, das intensive Innenleben, hat meinem Gefühl nach nur dann einen Wert, wenn es unter allen Umständen fortgesetzt werden kann, und wenn man es schon nicht praktisch und in der Tat fortsetzen kann, so doch in der inneren Vorstellung. Sonst ist alles, was ich jetzt tue, lediglich *Schöngeisterei* …« Ihr innerer Blick erfasst alles übergenau, die Frau, den Mann, die Gesellschaft und die Arbeitsbedingungen der Menschen. Und intuitiv erkennt sie, dass sie nicht als Revolutionärin in einem äußeren Kampf gegen das Unrecht taugt. Sie schreibt und liest, sowohl Bücher als auch Menschen. Und die Menschen werden zum Schluss ihre wichtigste Lektüre werden: »Viele Menschen sind noch Hieroglyphen für mich, aber allmählich lerne ich, sie zu entziffern. Es ist das Schönste, was ich kenne: das Leben herauszulesen aus den Menschen.« Die Begegnung mit dem viel älteren Julius Spier, einem Psychoanalytiker und Chirologen, der von C. G. Jung ausgebildet wurde und Ettys Therapeut und späterer Geliebter wird, ist ihr genauso wichtig wie die geistigen Abläufe ihrer inneren Welt. Überaus genau registriert sie in sich jede besitzergreifende Regung, die mit dem anwachsenden Eros zwischen ihnen sichtbar wird. Irgendwann begreift sie, dass dieses Besitzenwollen des anderen üblicherweise die Begegnungen zwischen den Geschlechtern ausmachen und zwischen den Menschen eine zerstörerische Kraft entwickeln. Und sie hat auch keine Scheu, sich selbst den Spiegel vorzuhalten und sich ihre eigenen dunklen Seiten einzugestehen. In dieser Selbstschau werden ihr die inneren Verfasstheiten der anderen Menschen vor Augen geführt, über die sie nie urteilt, sie registriert sie nur, sieht sie, setzt sie mit sich selbst in Beziehung und entdeckt, dass in allem ein inneres Regelmaß mitschwingt, der das Leben gleichsam von innen aus der Stille heraus anleitet. »Ich bin sehr müde«, notiert sie, »schon seit einigen Tagen, aber auch das wird wieder vorbeigehen, alles verläuft nach einem eigenen, tieferen Rhythmus, und man müsste die Menschen lehren, auf diesen Rhythmus zu horchen, es ist das Wichtigste, was ein Mensch in diesem Leben zu lernen hat.«

Immer wieder betont sie trotz schlimmster Schwierigkeiten und bei vollem Bewusstsein darüber, welches Schicksal nun auch für die holländischen Juden vorgesehen ist, wie sehr sie das Leben liebt, wie tief und unzerstörbar es ist. Dennoch weiß sie, dass nicht alle Menschen die Kraft haben, ihre Menschlichkeit aus dem Stand heraus vollständig zu leben und notiert: »Ich gehe an den Menschen vorbei wie an Ackerflächen und schaue nach, wie hoch das Gewächs der Menschlichkeit gewachsen ist.« Die Untaten um sie herum und in ganz Europa sieht und empfindet sie als eine »Sünde gegen die Menschlichkeit«, die sich an den Menschen selbst rächen würde. Mitten in der allwaltenden Barbarei gelingt es ihr, jene Ackerflächen, die sie in den anderen Menschen nun immer intensiver jenseits aller Gekünsteltheit sieht, in sich selbst, wie sie es schreibt, »urbar zu machen für die Ruhe, für immer mehr Ruhe, so dass man diese Ruhe wieder auf andere ausstrahlen kann. Und je mehr Ruhe in den Menschen ist, desto ruhiger wird es auch in dieser aufgeregten Welt sein«. Was immer sie erkennt, versucht sie auf die Verhältnisse und Gegebenheiten zu übertragen, in denen sie lebt. Ihr erschließt sich dabei, was Mystiker aller Traditionen und Religionen in der Innenschau erkannt haben, wenn sie in ihrem Tagebuch festhält: »Es ist, als sähe ich immer deutlicher, in welchen gähnenden Abgründen die schöpferischen Kräfte und die Lebensfreude der Menschen verschwinden. Es sind Löcher, die alles verschlucken, und diese Löcher sind im eigenen Gemüt. Jeder Tag hat an seiner Plage genug. Und: Der Mensch leidet immer noch am schwersten unter dem Leid, das er fürchtet.«

Etty Hillesums poetisch-philosophischen Texte erinnern in ihrem mystisch-erkennenden Ton an das, was der arabisch-andalusische Mystiker Ibn Arabi lange noch vor Dante im 13. Jahrhundert über Frauen formulierte und auf das Etel Adnan verweist, wenn sie in ihrem Text über die spanische Stadt Murcia, in der Ibn Arabi zur Welt kam, schreibt, er sei der einzige große Theologe, der Frauen die völlige Ebenbürtigkeit innerhalb des Absoluten zuerkannte habe: »So wird die Welt für ihn im Gleichgewicht bewahrt, gehalten von einem menschlichen, einem lebendigen Pfeiler – einem *qutb* – der bei dessen Tod sogleich durch einen neuen ersetzt wird. Würde dieser Pfeiler fehlen, so stürzte die Welt ins endgültige Chaos. Und durch die Versicherung, dass dieser Pfeiler eine Frau sein könnte, gibt Ibn Arabi den Frauen eine uranfäng liche Funktion im essentiellen Haushalt des Universums.« Diese Betrachtung des geistigen Platzes in der Welt mündet in der Einbringung Ibn Arabis, dass göttliche Liebe weiblich ist. Wenn auch Etty Hillesum sich nie ausschließlich auf ihre Weiblichkeit im Hinblick auf ihr Denken, ihre mystischen

Erfahrungen oder ihre Texte beruft, ist sie doch auch in der bittersten Zeit immer eine liebende Frau, die über Eros, Körperlichkeit und die Anziehungskräfte der Geschlechter nachdenkt. Wie ernst und tief ihr Vermögen zur ganzheitlichen Erkenntnis ist, kann am Ende ohnehin nur jemand vollziehen, der ähnliche Erfahrungen gemacht hat. Das gilt auch für ihre verstörend schönen und rebellisch wahren Gedanken über die Liebe zum anderen Geschlecht: »Ist es zu überheblich, wenn ich von mir behaupte, ich hätte zu viel Liebe in mir, um sie nur einem Menschen geben zu können? Ich finde den Gedanken ziemlich kindisch, dass man sein ganzes Leben lang nur einen einzigen Menschen lieben dürfe und sonst niemand. Darin ist etwas ganz Armseliges und Dürftiges. Kann man es für immer erlernen, dass die Liebe zu den Menschen viel mehr Glück bringt und fruchtbarer ist, als die Liebe zum anderen Geschlecht, die zu Lasten der Gemeinschaft geht?«

Die Tagebücher Etty Hillesums, die sie zwischen 1941 und 1945 geschrieben hat, sind erst 1981 unter dem Titel »Das denkende Herz der Baracke« publiziert worden. Sie hatte sie Freunden überlassen, die sich seit dem Ende des Zweiten Weltkrieges immer wieder bemüht hatten, einen Verlag dafür zu finden. Zwischen der Niederschrift und der Publikation lagen nahezu vierzig Jahre, in denen, um nur ein Beispiel zu nennen, die Bücher von Primo Levi erschienen sind, diese anfangs auch nicht ganz ohne Widrigkeiten. »Ich mähe mit einem kleinen Bleistift wild um mich wie mit einer Sense, kann aber die vielen Gewächse meines Geistes nicht fällen.« Dieser rätselhafte Satz, so furchterregend und schön in einem, zeugt von ihrer großen Reise ins innere Leben, von ihrem Wunsch, an das Wort heranzureichen und sich im Wort als Mensch und als sprechende Frau zu bewähren. »Man möchte ein Pflaster auf vielen Wunden sein« ist der letzte Satz, den Etty Hillesum in ihr Tagebuch geschrieben hat, bevor sie in der Gaskammer ums Leben kam. Der Geist bleibt als Sternenhimmel über ihr bestehen, sie ergibt sich seiner Logik und fügt sich dabei nicht dem Regelwerk der Barbaren, sondern sucht in allem, was ihr widerfährt, das andere leuchtende Leben, von dem sie sagt, es sei immer parallel zu jenem zerstörerisch dunklen anderen vorhanden und notiert: »Ich habe erfahren, dass man alles Schwere in Gutes verwandeln kann, indem man es trägt.« Dabei war ihr immer die Gemeinschaft heilig und wichtiger als die Liebe zwischen den Geschlechtern. Deshalb wohl fragt sie sich, ob man es für immer erlernen kann, dass die Liebe zu den Menschen viel mehr Glück bringt und fruchtbarer ist, als die Liebe zum anderen Geschlecht. Diese Radikalität in ihrem Denken spiegelt sich in allen ihren Sätzen, die in der Zeit ihrer Verfolgung eine lebenswichtige Dimension annehmen. Sie lebt in ihren Sätzen, sie legt alles, was sie ist und was sie hat, in sie hinein. Weil sie keinen sicheren Ort mehr in der Welt und unter den Menschen hat, wird ihr die Sprache zur Erde, auf der sie das Gehen weiterhin übt.

Ihre Aufrichtigkeit ist magnetisch und drängt förmlich dazu, das von ihr Erfahrene im eigenen Leben zu untersuchen. Vielleicht ist Etty Hillesum heute für mich das, was für sie selbst und bis zum Ende ihres Lebens Rainer Maria Rilke war. Hillesum kommt noch an einem ihrer letzten Tage immer wieder auf Rilke zu sprechen und notiert über ihn in ihrem Tagebuch: »Es ist sonderbar, er war ein empfindsamer Mensch und schrieb viele seiner Werke innerhalb der Mauern gastfreundlicher Schlösser, und er wäre möglicherweise zugrunde gegangen unter den Umständen, unter denen wir heute leben müssen. Aber zeugt es nicht von einer guten Ökonomie, dass sensitive Künstler in ruhigen Zeiten unter günstigen Umständen ungestört nach der schönsten und passendsten Form für ihre tiefsten Erkenntnisse suchen können, an denen sich Menschen, die in bewegteren Zeiten leben, aufrichten können und in denen sie ein fertiges Gehäuse vorfinden für ihre Verwirrung und ihre Fragen, die noch zu keiner eigenen Form und Lösung gelangt sind, weil die tägliche Energie für die täglichen Nöte aufgebraucht wird?«

Auch die bereits erwähnte Anne Carson gehört zu jenen Dichterinnen, die an einem neuen sprachlichen Gehäuse der Welt arbeiten, indem sie jene durchschrittenen Innenwelten in ihrer erwachten Poesie sichtbar machen, mit denen sich, im Hinblick auf Rilke, auch Etty Hillesum in den letzten Tagen ihres Lebens in ihren Tagebucheinträgen beschäftigt. Dabei steht immer die Frage im Raum, wie man sein Leben erkennen kann, wenn man noch in ihm steckt. Etty Hillesum ist schon vor der Deportation ins Lager innerlich aus ihrer Biografie Schritt für Schritt aus- und in eine innere Pilgerschaft eingetreten, die ihr eine immense Selbstlosigkeit erlaubte. Die gleiche Frage des spirituellen Loslassens beschäftigt in einer ganz anderen Lage das Liebespaar, das Anne Carson auf den Pilgerweg nach Santiago de Compostela schickt, eine Reise, die immer mehr den Anstrich einer Buße bekommt. Anne Carson lässt dies nicht als Strapaze und Bedrängnis aufscheinen, sondern als unumgängliche Bewusstwerdung. Dieser Zustand bringt den Zeugen ins Spiel, der nicht identisch ist mit seinen Leiden. So berichtet einmal die Erzählerin, die bezeichnenderweise keinen Namen hat: »Seit uralten Zeiten pilgern die Menschen von Ort zu Ort in dem festen Glauben, dass eine Frage aufbrechen kann in eine Antwort wie Wasser im Durst.« Auch sie möchte das Dunkel erkennen und es mit Sprache überwinden. Dabei schwingt in Anne Carsons Texten immer auch der Geist der französischen Mystikerin Marguerite Porète mit, die wiederum an Etty Hillesums Credo der Liebe denken lässt, der größeren Liebe in Form von, wie sie es sagt, »seelischer Intelligenz«. Bei der von Anne Carson immer wieder zitierten Porète heißt es zum Beispiel im Hinblick auf die geistige Liebe: »Die einübende Betrachtung der reinen Liebe hat nur eines im Sinn: stets in unverbrüchlicher Treue zu lieben, ohne dafür irgendeine Entlohnung zu wollen.« Und auch Etty Hillesum betont, wie wichtig es ist, »treu zu sein«, »sich selbst und den eigenen besten Augenblicken (...) in einem umfassenden Sinn des Wortes«. In unserer Zeit der gusseisernen Begriffe, in der die Gesichter, die Seele und die Liebe so weit optimiert worden sind, fehlt diese Treue allenthalben. Sie ist in ihrer reinen und zerbrechlichen, in ihrer verwundbaren Form nicht mehr vorgesehen. Wir machen uns verdächtig, wenn wir sie wahrhaftig ins Spiel bringen. Es gibt aber eine auratische Kraft der Wahrheit, die sich allen mentalen Einzäunungen zum Trotz im Materiellen spiegelt. Die Sehnsucht schreibt an unserer Sprache und an unseren Haltungen mit. Im Körper sind alle atmosphärischen Räume des Menschen abgespeichert. Jeder von uns kann sich beispielsweise an einen Augenblick erinnern, in dem er von jemandem angelogen worden ist und es sofort erfasst hat. Irgendetwas in uns wusste um die entleerten Worte im anderen. Aber in der Regel lassen wir die Lüge gewähren und spielen sie mit. Das ist umso trauriger, weil so die Lüge im Menschen verdoppelt wird und beiden

Seiten seelischen Schaden zufügt. Frauen spielen bei der Aufkündigung der Lüge eine entscheidende Rolle und werden sie in Zukunft noch mehr für sich beanspruchen müssen. Nur wenn die Frauen die vielfältigen Lügen, die ihnen begegnen, nicht mehr stärken, sondern sich auf ihre eigenen Bedürfnisse besinnen, werden sie als solche sichtbar. Zuerst in uns selbst. Und dann auch im öffentlichen Raum. Schließlich auch im geistigen Körper unseres kollektiven Bewusstseins. In den weltweit politischen Veränderungen ist das schon zu beobachten. Das Beispiel Elisabeth Warrens, einer Senatorin der US-Demokraten, kann das gut veranschaulichen. Sie wurde gerügt und durfte nicht mehr im Kongress sprechen, weil sie den damals als Justizminister ins Spiel gebrachten Jeff Sessions kritisiert und einen Brief von Coretta King vorlesen wollte, aus dem Aufschlussreiches über Sessions rassistische Gesinnung hervorging.

Die Witwe Martin Luther Kings hatte Jeff Sessions 1986 in eben diesem (an den damaligen Senator James Strom Thurmond adressierten) Brief kritisiert, um gegen seine Ernennung zum Bundesrichter in Alabama zu protestieren. In Kings Brief heißt es: »Herr Sessions hat die ehrfurchtgebietende Macht seines Amtes für einen schäbigen Versuch genutzt, ältere schwarze Wähler einzuschüchtern und ihnen Angst einzujagen.« Der Senat sprach sich daraufhin gegen seine Ernennung aus, er erhielt wegen seiner damaligen abschätzigen Äußerungen über Schwarze nicht den Posten als Bundesrichter – auch eine dem Ku-Klux-Klan Sympathie bekundende Bemerkung fiel bei dieser Entscheidung ins Gewicht. Dennoch ist Jeff Sessions Justizminister im Kabinett des 45. amerikanischen Präsidenten geworden. Obwohl Elisabeth Warren zurechtgewiesen wurde, sich auf ihren Platz zurückbegeben musste und Redeverbot erhielt, weil sie eine wichtige Wahrheit in einem historisch bedeutenden Augenblick aussprechen wollte, hat sie sich nicht der Lüge von Jeff Sessions ergeben, der daraufhin prompt behauptete, die längst als wahr erwiesenen Vorwürfe gegen ihn seien falsch. Elisabeth Warren las dann später Coretta Kings Brief in einem Live-Video auf Facebook doch noch vor, das auch auf der ersten Seite der New York Times live zu sehen war und eine noch größere Öffentlichkeit erreichte. Irgendwie fand auch ich den Weg zu diesem Video und sah es mir in dem Moment an, in dem der Livestream geschaltet wurde. Warrens Beitrag wurde innerhalb kürzester Zeit von 3,4 Millionen Menschen angeschaut und rund 85.000-mal geteilt. Warren hat den ihr zugewiesenen Platz, an dem man sie als Frau mundtot machen wollte, nicht akzeptiert, sondern hat die Möglichkeiten ausgeschöpft, die ihr zur Verfügung standen, um ein sprechender Mensch, eine sprechende Frau zu bleiben. Damit hat sie eine große Wirkung erzielt. Die Lüge demaskiert sich selbst, wenn diejenigen, die die Wahrheit kennen, sich an sie halten und sie dann auch im gebotenen Moment laut und deutlich aussprechen. Das ist wichtig in einer Zeit, in der sich die Parole »Make America great again« anhört, wie es eine amerikanische Wissenschaftlerin anmerkte, als sagte man »Make America white again«.

Die weibliche Rebellion kann nicht mehr nur darin bestehen, lediglich zu protestieren oder bloß innerlich gegen etwas zu sein. Gerade heute ist aktiver solidarischer Zusammenhalt eine geistige Kategorie von großer Tragweite. Die Journalistin Angela Schader hat nach der willkürlichen Inhaftierung der türkischen Schriftstellerin Asli Erdoğan in ihrem Text »Sie ist nicht allein« mit diesen Worten darauf hingewiesen: »Soll man sie zulassen, die Freude? Das vom längst ernüchterten Blick auf die Welt doch nicht ganz getilgte Glücksgefühl, wenn plötzlich Energien zusammenschießen, um einem in Not geratenen Menschen beizustehen?« Asli Erdoğan, die im August 2016 nach dem Militärputsch in der Türkei mit 22 anderen Journalisten einer türkisch-kurdischen Zeitung verhaftet wurde, ist in der Zwischenzeit aus der Haft entlassen worden, durfte aber das Land zunächst nicht mehr verlassen, bevor sie dann schließlich doch nach Deutschland ausreiste. In einem ihrer neueren Texte mit dem Titel »Nicht einmal das Schweigen gehört uns noch« schreibt sie: »Ist das unsere Zeit? Abgemähte, verbrannte, in Aschesäcke gestopfte Leiber, überall verstreute Füße, die man niemandem mehr zuordnen kann, Beine, Gliedmaßen, Arme, die einander in einer letzten absoluten Umarmung umschlingen, tote Hände ohne Besitzer. Zerfetzte Menschenleiber, zerfetzte Menschenseelen. Augen, die toter sind als die der Gestorbenen. Worte, zerschossen von Hass und Machtgeilheit. Ist das überhaupt ›unsere Zeit‹, diese Tage, die wir gerade erleben müssen?«

Die Bilder der Hoffnung beim Women's March on Washington 2017 haben gezeigt, dass das Aufbegehren der Frauen auch ein mit dem eigenen Körper vollzogenes Bekenntnis zum Frieden und zur Gewaltfreiheit ist. Und eine Positionierung jenseits der Machtansprüche all jener, die die Zeit, unsere Zeit, an sich gerissen haben und keine Zwischentöne mehr erlauben wollen. Bewusst durchgearbeitete Leben haben die Eigenschaft, sich in anderen selbsterforschten Leben zu spiegeln. Was Asli Erdoğan im Gefängnis und in der Zeit nach ihrer Entlassung erkannt hat, führt sich als Kraft in jedem fort, der offen und bereit ist, jene Seite des Lebens wieder mit zu gestalten, die uns allen als fordernde Freiheit mitgegeben ist. Das Gleiche gilt aber auch für die destruktiven Kräfte des Lebens, denen wir durch unsere repetitive Aufmerksamkeit zu einem noch größeren Platz in der Welt verhelfen. Aber noch einmal: Wie leben wir selbst und leben wir überhaupt nur eine Stunde lang all das Gute, an das wir glauben? »Auch wenn wir alles ausprobieren und uns jedes Tier aufladen, und auch wenn es deine wahre Liebe gibt (vielleicht tut sie das), verhalten wir uns immer mehr oder weniger wie die Leute, die wir sind, sogar auf einer Pilgerreise«, schreibt Anne Carson in »Anthropologie des Wassers«. Aber wer sind wir? Wem überlassen wir unsere Lebenserzählung und was machen wir aus unserer eigenen Zeit? Warum handeln wir nicht selbst und erarbeiten uns den Überblick über unsere eigene Geschichte oder das, was man uns darüber erzählt hat? Ich habe die Erfahrung gemacht, dass man alte Denkwege nicht verlassen kann, ohne die Bereitschaft das Alte und auch uns selbst zu verlieren. Nur dann werden uns neue Wege begehbar erscheinen. Erst wenn wir tief genug in den Wald gegangen sind und uns nicht mehr auskennen, spricht sie zu uns: die Klugheit der Kreuzungen.

Der französische Philosoph Alain Badiou hat in seinem Buch »Versuch, die Jugend zu verderben« betont, dass es für die Jugend wichtig ist, vorgegebene Pfade zu verlassen und wir alle darauf hinarbeiten müssen, »... dass die Jugend nicht dic vorgegebenen Pfade einschlagen muss, dass sie sich nicht widerstandslos den Vorgaben der Gesellschaft ergeben muss, dass sie etwas Neues erfinden und eine andere Sichtweise auf das entwickeln kann, was sie für das wahre Leben hält«. Die Liebe für das wahre Leben, die alle Entfernungen verstummen und das Echte in uns sprechen lässt, ist jene, die im Krieg keine Chance auf Verwirklichung hat und die uns in Friedenszeiten alle Arbeit an uns selbst abverlangt. Sie ist das Gegenteil einer sentimentalen Handlung und fähig, den Menschen von Grund auf zu verändern und ihn zum Eigensinn zu ermächtigen.

Die unerschrockene Philosophin Gillian Rose, die 1947 zur Welt kam und in einer jüdischen Familie im Londoner Westen aufgewachsen ist, hat dieser radikalen, selbst erzieherischen Liebe ein ganzes Buch gewidmet und ihm den programmatischen Titel »Die Arbeit der Liebe« gegeben. Rose, die sich mit den Büchern von Theodor W. Adorno selbst Deutsch beigebracht hat, hatte in Warwick den Lehrstuhl für soziale und politische Theorie inne. Sie promovierte über Theodor W. Adorno und die Frankfurter Schule und veröffentlichte wissenschaftliche Bücher wie »The Melancholy Science«, »Dialectic of Nihilsm« oder »Judaism and Modernity«. »Die Arbeit der Liebe« ist ein autobiografisches Buch, ein essayistisch-erzählerisch hybrides Wesen, in dem der Tod, die Krankheit, ihre jüdische Familienbindung, Auschwitz, Freundschaft und Liebe, England, New York, die deutsche Sprache und die eigensinnige Geschichte einer Selbstbenennung im Wechselspiel eines aufregend aufrichtigen Lebens thematisiert werden. In jenem Augenblick, in dem sie ihre Bar Mitzwa vollzog –

und damit zur Tochter des Gesetzes wurde – veränderte Gillian Rose ihren Namen: »An meinem sechzehnten Geburtstag änderte ich meinen Familiennamen durch eine einseitige Erklärung von ›Stone‹ in ›Rose‹, tauschte den Namen meines Vaters gegen den meines Stiefvaters ein. (…) Dieser gewaltsame Akt der Selbstbehauptung, in dem ein langjähriges, ungeduldiges Warten gipfelte, war meine Bar Mitzwa, meine Konfirmation als Tochter des Gesetzes. Es bezeichnete das gesetzliche Ende meiner Kindheit, während der der Umgang (…) meines Vaters mit mir durch mehrfach ausgefochtene Gerichtsbescheide geregelt war.« Ihr verfrühtes Erwachsenen-Selbstbild musste sie jedoch nach dieser rite de passage noch einmal überprüfen, denn als sie in der Registraturbehörde persönlich um ihre Geburtsurkunde nachgesucht habe, um den ersten Pass mit ihrem neuen Namen zu beantragen, habe sie zu ihrer Abscheu entdeckt, dass sie mit sechzehn Jahren dem Gesetz nach offiziell eine ledige Minderjährige war. Ihr Vater habe auf ihre Namensänderung umgehend mit einem offiziellen Verstoß reagiert. »Infolgedessen«, schreibt sie, »bekam ich ihn zwischen sechzehn und zwanzig nicht mehr zu Gesicht. Der Name: der Name. Eine Rose ist (k) eine Rose ist (k) eine Rose. Und ausgerechnet Gertrude Stein hat die positive Version dieser Litanei formuliert; Stein – auch eine »Stone«, aber ja!« In dieser schmerzlichen Selbstbenennung ist die gesamte Lebensenergie von

Gillian Rose enthalten – weg von den alten Zuordnungen zu einem individuellen Erwachen hin, zu einem selbst gewählten Namen und der Entdeckung, dass zwischen »Stone« und »Rose« ein ganzes Reich »mythischer Grundgegensätze« ihrer Arbeit und ihrer Augen harrt.

Diese Arbeit an sich selbst hatte sie, ähnlich wie Patti Smith, schon als Mädchen begonnen. Sehr früh war sie sich über die Begrenzungen der ihr zugewiesenen Identität im Klaren. Der kindliche Wunsch nach einem Cowboykostüm gab dafür den Ausschlag. Sie überredete ihre Mutter, ihr eines bei Harrods zu besorgen. Der ahnungslose Verkäufer in der Spielwarenabteilung brachte eine entscheidende Wende in Gillian Roses Leben. Seine routinemäßig gestellte Frage nach dem Alter des Jungen ließ die Mutter von ihrem Vorhaben abrücken, die daraufhin ihrer Tochter erklärte, als englische Frau müsse sie sich ihrem ehrgeizigen Ideal, das Leben eines Cowboys zu führen, bestenfalls als Stallmagd annähern. Daraufhin räumte das Mädchen mit gebrochenem Herzen ihre beiden Pistolen zusammen. Aber es wurde auch keine Stallmagd. Gillian Rose akzeptierte keinerlei Ablenkungen vom erlittenen Schmerz. Keinerlei Trost von einer Welt, die sich äußeren Zuordnungen verpflichtet hatte. Und nicht nur das, sie entschied sich ganz bewusst für etwas Neues, etwas, das den Schmerz nicht tilgt, sondern neben ihm existiert. Sie wählte die Offenheit, wie sie von der amerikanischen Dichterin Muriel Rukeyser in ihrem Gedicht »Effort at speech between two people« thematisiert wird:

: Speak to me. Take my hand. What
  are you now?
I will tell you all. I will conceal nothing.
When I was three, a little child read a story
  about a rabbit
who died, in the story, and I crawled under
  a chair :
a pink rabbit : it was my birthday, and
  a candle
burnt a sore spot on my finger, and I was told
  to be happy. //
: Oh, grow to know me. I am not happy.
  I will be open …

Nicht Pseudoglück, sondern Offenheit entsteht in einem Sehen, das nicht von einem tröstenden, in irgendeine Zukunft ausgelagerten Versprechen gelenkt wird. Dieses Sehen kommt ohne Gehorsam aus, dieses Sehen ist wach und bleibt bei sich selbst. Dieses Sehen erkennt sich selbst und den Schmerz und hat gerade durch die eigene Empfindung, durch die Treue zum Selbst-Empfundenen, auch noch genug Platz für die Verortung des anderen, genug Kraft, um auch seine Nöte, seine Verdrängungen zu sehen, genug Kraft für einen wahrheitsliebenden Überblick. Es muss nicht um jeden Preis recht behalten, sondern ist bereit zu verstehen, dass der andere so lange kämpfen muss, bis auch er nicht mehr vernichtet werden und nur noch sehen kann, ohne sich dem Gesehenen zu unterwerfen. Aber bis das erwachte Sehen in uns tätig wird, sind wir zum Kampf gezwungen. Das Strecken der Waffen ist bei Gillian Rose kein Akt der Ergebenheit, sondern der erste Schritt zu jener neuen Offenheit, die ihr selbst deutlich zeigt, dass aus ihr nie eine Stallmagd werden wird. Wer sich den Forderungen anderer beugt, arbeitet dem falschen Sein zu, ihm und seinen versierten Verstecken, die früher oder später zu raffiniert aufgestellten Fallen werden und uns schließlich auch zu Fall bringen.

Die eigene Offenheit hat zudem neben der Ehrlichkeit auch noch einen anderen Effekt. Sie führt dazu, dass das Gegenüber auch auf sich selbst zurückgeworfen wird, es muss nackt sein – die vor ihm stehende Verletzlichkeit erlaubt auch ihm, seine Waffen zu strecken und auch der Mensch zu sein, der durch seine Offenheit neu wird, neu für sich selbst, verunsichert, der trügerischen Sicherheit beraubt, die trügerisches Glück nach sich zieht, also von jener Sicherheit befreit, die das Gegenteil von Freiheit ist. Das Sehen, das die Wunden nicht scheut, erlebt das Wunder der Verwandlung und ist die einzig gültige Form von Glück. Diese Offenheit kann man nicht erwerben oder trainieren. Man kann sie auch nicht in einem Selbstoptimierungskurs erlangen. Sie bedarf des Herausgeworfenseins aus der

Welt, die wir kennen, bis das geistige Exil selbst Welt wird. Gillian Rose leuchtet den Zusammenhang zwischen existenzieller Not und Vitalität sehr anschaulich anhand ihrer Krebserkrankung aus. »Ich habe festgestellt, dass die Leute jetzt anscheinend nicht meine Krankheit oder die Möglichkeit, dass ich sterben könnte, am meisten verstört, sondern mein intensiviertes Dasein; nicht meine Morbidität, sondern meine erneuerte Vitalität.«

Sie selbst hatte einige Jahre zuvor nach dem Scheitern einer unmöglichen Liebe erkannt, dass uns in manchen Momenten unseres Lebens nur das Zugrundegehen helfen kann. Genauso wie damals, als sie das Cowboykostüm nicht bekam, lehnt sie es auch in der unglücklichen Beziehung ab, mit Trostpflastern abgespeist zu werden. Sie will den Schmerz nicht verdrängen, sondern ihn so lange durchschreiten, bis er sich, schreibt sie, »in einen Jubellaut verwandelt«. Und über das Zugrundegehen sagt sie: »(…) das ist der einzige Weg, auf dem es eine Überlebenschance für mich geben könnte.« Sie will nicht gerettet werden, sie will offen bleiben, und im Krankenhaus, als ihr endgültig klar wird, dass sie unheilbar krank ist, versteht sie, wie kaltblütig die Haltung der Mediziner gegenüber einem Einzelwesen ist, das nicht in die von ihnen anvisierte Heilung überführt werden kann: »Wenn es ihnen nicht gelingt, im Sinne ihrer eigenen Kriterien zu ›heilen‹, teilen sie einem den Tod zu.« Ähnlich wie Ingeborg Bachmann in ihrem

Entwurf einer »Rede an die Ärzteschaft« pocht auch Gillian Rose auf eine andere Ebene ihres Seins, auf ihre Singularität, die immer noch da ist und die erst recht in einer »Krise dazu Gelegenheit geben (kann) (...) mit den Schrecken in tieferen Schichten der Seele Fühlung aufzunehmen, zu lösen und zu binden und zu lösen«. Eine angebundene Seele sei so tollwütig wie eine Seele mit zementierten Grenzen. Auch geht es ihr angesichts ihres erwartbaren Todes immer noch um das Entwickeln der eigenen Liebesfähigkeit, darum, die eigenen Grenzen und die Grenzen anderer anzuerkennen und zugleich entlang dieser Grenzen zu leben und verletzlich, verwundbar zu bleiben. Das Einzige, was zu unendlicher Liebe unbedingt notwendig sei, sagt sie, sei die Anerkennung ihrer Bedingtheit.

Eine Mischung aus einem Sich-Aussetzen und Zurückhaltung, aus Offenbarung und Zögern ist für sie nur in einer Liebe mit Ecken und Kanten möglich, denn eine außerordentliche Liebe, die solche Zustände nicht kennt, lösche im Grunde die Beziehung aus. Der Feminismus, schreibt Gillian Rose, sei ihr selbst in der früheren Version ihrer Geschichte – in der Zeit vor ihrer Krankheit – nie eine Hilfe gewesen. Sie hat dafür eine umwerfende Begründung, die nicht nur für die Frauen selbst, sondern für jeden, der mit ihnen Beziehungen eingeht, von weitreichender Bedeutung ist: »Denn (der Feminismus) geht nur auf die Ohnmacht von Frauen ein und nicht auf ihre Macht und auf den

Umgang von Frauen und Männern mit dieser Macht.« Heute trägt genau diese Macht zum Gleichgewicht der Welt bei und ist sein vitales Zeichen. Gillian Rose geht sogar noch einen Schritt weiter in ihrem Liebesgedanken: »Durch die Liebe reifer geworden, an den Kummer ihrer nie endenden Arbeit gewöhnt, stehe ich jetzt wieder ganz am Anfang. Ist der Feminismus in der Lage anzuerkennen, dass es – manchmal – besser sein kann, wenn man nicht bekommt, was man will?«

Das ist auch meine schmerzlichste wie kostbarste Erfahrung, die ich immer wieder von Neuem in Handlung übersetzen und in mir gegenwärtig halten muss: Was wir nicht bekommen, müssen wir – manchmal – und in entscheidenden Momenten – in uns selbst finden. Das Wollen in Sein überführen. Das Erwünschte selbst werden. So tief, so streng, so unwiederbringlich, dass es uns niemand mehr wegnehmen kann. Das, was wir sind, ist nicht beschmutzbar, wenn wir es selbst genau in jenen Augenblicken heilig halten, in denen wir uns sonst für unsere Schwächen verurteilen. Etty Hillesum betont in ihrem Tagebuch, die Einheit sei nur dann gut, wenn sie alle Gegensätze und irrationalen Momente in sich einschließe: »… sonst wird daraus wieder nur Verkrampfung und Fixierung, die dem Leben Gewalt antut.« Umzingelt von der Barbarei ihrer Zeit und ausgestattet mit einem hochsensitiven Sensorium, nimmt sie Abschied von den Errungenschaften der Zivilisation.

Über die Entrüstung jener, die die Ungerechtigkeit lautstark beklagen, schreibt sie: »Viele Leute, die sich heutzutage über die Ungerechtigkeit entrüsten, sind nur deshalb entrüstet, weil diese Ungerechtigkeit ihnen widerfährt. Es ist daher keine echte, tief verwurzelte Entrüstung.« Immer wieder betont Etty Hillesum, wie wichtig es ist, die heiligsten Dinge des Lebens erst dann auszusprechen, wenn die Wörter so einfach und so natürlich aus einem hervorquellen wie Wasser aus einem Brunnen.

Mit der stilleren Sprache ist auch die Friedfertigkeit verbunden, die die eigenen Unzulänglichkeiten einbezieht und damit gleichsam in eine andere Form des Bewusstseins – in Gewahrsein – verwandelt. Beim Women's March on Washington waren nahezu alle Frauen, die auf dem Podium eine Rede gehalten haben, dieser Wahrhaftigkeit verpflichtet. Die Reise ins eigene Innere reinigt uns gleichsam von allein von dem Bedürfnis nach billigem Glück, sie befreit uns vom Gift der Parolen, die in unserer Welt wie Suchtmittel herumgereicht werden und unsere Demokratien unterwandern wollen. Die poetische Vernunft ist deshalb so innerlich radikal, weil sie keine falsche Geborgenheit anbietet, sondern unsere Freiheit herausfordert und die hohe Wahrheit nicht meidet, die dort anfängt, wo das Unerwartete geschieht. Wo eigentlich sonst könnte es je geschehen? Ist zum Beispiel Psychoanalyse in der Islamischen Republik Iran möglich? Warum wird diese Frage im Westen überhaupt gestellt? Diese Frage stellt die in Frankreich und Amerika ausgebildete Analytikerin Gohar Homayounpour auch nur, weil man sie das selbst unzählige Male gefragt hat. Wenn sie aber nicht in Teheran möglich ist, kann sie dann überhaupt irgendwo sonst möglich sein? Nachdem Homayounpour einige Jahre in Teheran als Analytikerin praktiziert hatte, stand sie irgendwann westlichen Radiosendern und auf internationalen Tagungen Rede und Antwort, die wissen wollten, wie das zusammengehe – der Iran und die Psychoanalyse. Sie fasst die Stimmung zusammen, die ihr dabei entgegenströmte und greift auf die Formulierung »faszinierte Ablehnung« zurück, die von Julia Kristeva stammt. Das Thema Psychoanalyse beschwöre von Anfang an bei den Menschen einige aufschlussreiche Fantasien herauf. Für gewöhnlich erwarte der Zuhörer ein paar saftige exotische Geschichten. Diese Faszination gehe jedoch mit einer Ablehnung einher, die davon ausgehe, Psychoanalyse sei im Iran letztlich unmöglich. Homayounpour glaubt, sie habe die Leute meistens mit ihren Fallstudien enttäuscht, die denen von Patienten aus Boston oder New York ähneln, was in ihrem Buch von großer Integrität zeugt, denn sie verzichtet auf alle orientalisch anmutenden Klischees. Gleichwohl gibt es aber in Teheran auch einige spezifische mentale Einfärbungen in den Gesprächen mit ihren Klienten, die gut aufzeigen, wie Menschen überall auf der Welt glauben, das eigene Unbewusste müsse schnellstmöglich unter Kontrolle gebracht werden. Diese Situation ereilt auch einen Mann, der sich durch das Unbewusste in seiner Ehre gekränkt fühlte und den Homayounpour als großen machohaften Lastwagenfahrer beschreibt. Als er das erste Mal ihre psychoanalytische Praxis in Teheran betrat, traute sie ihm keinerlei Selbsterkenntnis zu. Dafür schämte sie sich, vor allem, als sie erfuhr, dass er von Angst vor der Dunkelheit geplagt wird und infolgedessen seine Frau dazu gebracht hat, das Licht im Schlafzimmer anzulassen – jede Nacht, zwölf Jahre lang. Sie werde nie den Tag vergessen, schreibt sie, an dem er in ihre Praxis hereinkam und erklärte: »Frau Doktor, ich habe neulich nachts geträumt, ich hätte Sex mit meiner Mutter. Dieses Unbewusste geht mir gegen meine Ehre, Sie müssen meine Seele heilen; ich bin Ihnen ausgeliefert. Als ich aus dem Traum erwachte, habe ich mit meinem Unbewussten zu reden begonnen und es angefleht, aufzuhören, diese grauenhaften Bilder zu produzieren.«

Schmerz sei überall Schmerz, heißt es in Homayounpours Text, der Selbstschau, ethnologische Erzählung und genaue Betrachtung in einem ist. All die Geschichten von Liebe, Angst und Begehren, die ihr in Teheran von Männern und Frauen erzählt wurden, sind allen Menschen überall auf der Welt vertraut, egal welchen Geschlechts, welcher Religion oder Nationalität. Wichtig ist und bleibt immer die persönlich errungene Sprache, der eigene Ausdruck, die sich hinter der Ehre, hinter der Fassade, hinter der Scheinpersönlichkeit verstecken. Wichtig sind die Fragen nach den eigenen Wunden, die nur durch Bewusstsein kleine Wunder mit sich bringen können. Wer in einem schmerzverzahnten Leben feststeckt, kann von jedem anderen gelenkt werden, nicht wir sind dann autonom, sondern es ist der Schmerz, der Macht über uns hat. Einen Menschen, der sich seiner selbst bewusst ist, kann niemand kontrollieren, sein Leben enthält die Wachheit, die Unbestechlichkeit und die Essenz einer Liebe, zu der man in Beziehung treten kann. Durch Teilhabe. Durch Anerkennung. Durch einen eigenen Weg. Und durch die mittels Sprache erlangte Rückeroberung unserer Innenwelt, die geduldig auf unser Erwachen wartet, wenn wir sie nicht selbst verraten haben. Denn was bitter ist am Kampf gegen jemand anderen, ist, dass wir im Grunde genommen die ganze Zeit schon wissen: Wir werden so lange von der anderen Seite aus falsch gezählt, bis wir die Seiten wechseln, unsere Kraft in Anspruch nehmen und selbstermächtigt handeln, denken und sprechen. Manchmal, in Momenten tiefster Stille, habe ich genau gefühlt, dass das der einzige Zweck aller Begrenzungen ist, die ich erlebt habe. Wenn wir nicht mehr warten, legen wir die falsche Zukunft ab und hören auf zu hoffen, dass ein System oder ein anderer Mensch etwas für uns verändert. Es gibt sie, diese großen seltenen und »nackten Augenblicke«, wie es einmal bei Friederike Mayröcker heißt, »in denen ich mich zu durchschauen glaube«. Vielleicht sind das die Augenblicke, die wir am Ende unseres Lebens vor uns selbst in größter Genauigkeit sehen können werden – wie Treppen, die nach oben führen, in einen anderen Raum, zu einem anderen Stockwerk. Es wird uns nie glücklich machen und uns nie genügen, nur um die Stufen zu wissen. Wer nach oben will, der muss zuerst ganz tief nach innen und in sich selbst reisen, still sein und hören – und nach außen treten, neu, mit sicherem, festem Schritt. Wer jetzt nicht die Treppen nimmt, wird weiterhin nur in Gedanken reisen, nur dem Flimmern der vagen Sehnsucht folgen. Leben ist aber und bleibt Bewegung. Ein neuer Süden ist immer in Flügelweite. Wer sich bewegt, erschafft sich auf die Art der Vögel einen eigenen Platz in der Welt.

Literatur:

Etel Adnan, *Von Frauen und Städten*. Aus dem Englischen übesetzt und mit einem Nachwort versehen von Klaudia Ruschkowski, Hamburg 2006.

Alain Badiou, *Versuch, die Jugend zu verderben*. Aus dem Französischen von Tobias Haberkorn, Berlin 2017.

Anne Carson, *Antropologie des Wassers*. Aus dem Englischen übersetzt von Marie Luise Knott, Berlin 2014.

Asli Erdoğan, *Nicht einmal das Schweigen gehört uns noch. Essays.* Aus dem Türkischen u. a. von Sabine Adatepe und Sebnem Bahadir, München 2017.

Etty Hillesum, *Das denkende Herz. Die Tagebücher von Etty Hillesum.* Hrsg. von J. G. Gaarlandt. Aus dem Niederländischen von Maria Csollány, Reinbek 2015.

Gohar Homayounpour, *Doing psychoanalysis in Tehran.* Cambridge, Massachusetts – London, England 2012. Ein Auszug in deutscher Übersetzung ist im *Lettre International* 102/2013 erschienen.

Marisa Madieri, *Wassergrün. Eine Kindheit in Istrien.* Aus dem Italienischen von Ragni Maria Gschwend und mit einem Nachwort von Claudio Magris, Wien 2004.

Marguerite Porète, *Der Spiegel der einfachen Seelen. Mystik der Freiheit.* Aus dem Altfranzösischen neu übersetzt von Bruno Kern, Wiesbaden 2011.

Gillian Rose, *Die Arbeit der Liebe.* Aus dem Englischen von Andris Breitling, München 1996.

Muriel Rukeyser, *The collected poems of Muriel Rukeyser*, Pittsburgh 2005.

– *The Life of Poetry*, Ashfield, Massachusetts 1996.

Patti Smith, *Just Kids. Die Geschichte einer Freundschaft.* Aus dem Amerikanischen von Clara Drechsler und Harald Hellmann, Frankfurt a. M. 2016.

– »How does it feel?«, *New Yorker*, 14. Dezember 2016.

Die vorliegenden Essays beruhen auf den Poetikvorlesungen, die die Autorin im Sommersemester 2017 an der TU-Braunschweig im Rahmen der »Ricarda-Huch-Poetikdozentur für Gender in der literarischen Welt« gehalten hat.

Erste Auflage Berlin 2019
© 2019 Matthes & Seitz Berlin
Verlagsgesellschaft mbH
Göhrener Str 7 | 10437 Berlin
info@matthes-seitz-berlin.de
Satz: psb, Berlin
Druck und Bindung: Art Druk, Szeczin
Umschlaggestaltung nach einer Idee von Pierre Faucheux
ISBN 978-3-95757-727-6

www.matthes-seitz-berlin.de